Hotする
イタリア

イタリアでは
30万円で
別荘が持てるって？

大矢アキオ Akio Lorenzo OYA

Hotするイタリア

文・イラスト・写真
大矢アキオ

「マンマミーア！」

はじめに、警告！

イタリアに対して単純に美しい夢を抱いているアナタ、この本を読んではいけない。とっとと本屋さんの棚に戻して、他の本を探したほうがいい。

日本人観光客は毎日押し寄せるものの、当のイタリア人が一生に一度行くか行かないかのような景勝地や高級リストランテは、ここには一切登場しないからだ。

本書は、筆者がイタリアで10年間生活していて、「アッ」と驚きながらも日本では知られていないことや、当のイタリア人は「ヘンだ」とまったく気づかない日々の事象について分析したものである。

いずれのコラムも、日本の新聞や真面目なイタリア紹介本では、「ニッポンに関係ない」「世界の一大事ではない」「その悠久の歴史に関係ない」、果ては「イタリアっぽくない」とかいう理由でボツになりそうなものばかりだ。

しかし、そうしたモノたちこそ、見逃してはいけない。コラージュしてみると、日本ではなかなか語られることのなかった、ナマのイタリアが見えてくるからだ。

キーワードは、「マンマミーア！ Ｍａｍｍａ ｍｉａ」である。

イタリアに住んでいると、さまざまなシチュエーションで飛び出す言葉だ。

本気で世の中に対して怒る「マンマミーア（どうなってんだ！）」でもあり、豪快に浮世を笑いとばす「マンマミーア（なんだヨ、コレ！）でもある。

素晴らしい！を意味する「マンマミーア！」であったりもする。

万歩計ならぬ、マンマミーア発声メーターをイタリア人に装着しておいたら、1日のうちにカウンターがひと回りしてしまうだろう。

ちょっとした事象も、日本だったら何十年か前のスタイルだったりして、これまた「マンマミーア！」だったりする。

ボクにとっては、ときに思い込みとは違うイタリア人に対する怒りと失望の「マンマミーア！」であり、ときにはその人間臭さに驚嘆する「マンマミーア！」である。

今日、日本は世界第2位の経済国家でありながら、後を追う国々にその牙城を脅かされつつある、焦りの国でもある。

日本人にとって「マンマミーア！」なイタリア社会は、やがて来るであろう日本の姿であり、いくつかは「焦らなくても大丈夫だヨ」という、温かいヒントとメッセージである。

また、イタリア人には、誰もが知っている生来の情熱と、その一方で意外にもホッとする穏やかな一面があることも実際暮らしてわかった事実。本書のタイトル「Ｈｏｔするイタリア」はまさにそんな国民性を言い表わしたものだ。

ここに書き連ねたボクのイタリア生活における忍耐や混乱を通じて、この「しょーがないけど、とてつもなく魅力的な国」をバーチャル体験していただければ幸いである。

大矢アキオ

目次

本書は、2002～07年にかけて、以下の媒体に掲載された大矢アキオ連載記事の中から抜粋し、加筆・訂正・編集をしたものです。
（順不同）

【雑誌】
●NHKテレビ　イタリア語会話
『ああイタリア生活劇場』日本放送出版協会

●私の部屋づくり
『毎日がイターリア！』学習研究社

●ル・ボラン
『カスピタ！――産地直送　新鮮なイタリア事情』学習研究社

●NAVI『シエナの街角から』二玄社

【ウェブサイト】
●アサヒ・コム　http://www.asahi.com/
『イタリア発　大矢アキオのアモーレ！モトーレ！』朝日新聞社
●レスポンス　http://response.jp/
『大矢アキオ　喰いすぎ注意』IRIコマース＆テクノロジー
●web CG　http://www.webcg.net/
『Worldwide Web CG』二玄社

各編集部のご理解・ご協力に改めて御礼申し上げます。

なお、文中の価格や日本円換算価格は、あくまでも当時のもの、あるいは筆者の経験に基づいて書かれたものです。現在の価格や換算価格ではありません。また製品は、その在庫を保証するものではありません。

著者

第1章

住んでわかった、これがイタリアの住居だ

住んだのは推定築600年の煉瓦造り。賃貸でも壁に穴は開け放題。メイドも昼メシ代約1回分でやって来る。ちょっとした“別荘”だって夢じゃない。でも、突然の退去命令があれば、恥も外聞もない、涙の家探しが待っている。「世界遺産の街に住むなんてス・テ・キ」なんて言ってる場合じゃない、さまざまな事件が降りかかる。イタリアでは、住まいからしてマンマミーア!だ。

「古くてイイネ」は褒め言葉!?

「築６００年、ていうところかしらね」

のっけからブッ飛んでしまったのは、大家さんのシニョーラの言葉だった。

１９９６年、ここイタリア中部トスカーナ・シエナの町に移り住んですぐのことだ。

この町には中世・ルネッサンス期のレンガ造りの建物が、今もたくさん残っている。事実、街ごとユネスコの世界遺産になっている。だから冒頭のような発言が飛び出すのだ。

イタリアに来る3日前に結婚した女房との生活は、結局その築６００年のアパルタメントからスタートした。

部屋は日本風にいえば１Ｋ。ベッドはひとりぶんの下に、もうひとりぶんが収納されていて、引き出すと救急車の担架のごとくピョコンと足がバネで立つ仕組みだった。困ったのは、ふたつのベッドに段差があることで、新婚早々ナカヨクしたいのに、どうも寝心地が悪かった。

それでも6階なので、窓を開ければトスカーナの緑の丘が広がった。目覚ましは近所の教会の鐘の音。初めての海外生活の住まいとしては、サイコーだった。

そのアパルタメントには1年半ほどお世話になり、次に住んだのは、ちょっと郊外の１ＬＤＫだった。やはり煉瓦造りで2階建ての１階部分。３００年前は修道院で、そのあと家畜小屋になり、しばらく放置されたのち、晴れてボクたち夫婦の住まいになったらしい。そのうえ地下には穀物を挽いていたという水車の跡があった。なんともミステリアスな建物だった。

今はふたたびチェントロ（町の中心部）に戻り、推定築600年の2DKアパルタメントに住んでいる。

古い家の天井は、太い木を何本も渡したところにレンガを置いた形でできている。こうした昔風スタイルは、一時期あまり人気がなくて、みんな真っ白く塗りたくってしまったらしいが、最近またトレンドになっている。だから家のリフォームというと、ヤスリをかけてオリジナルの木とレンガの色を出している。

その証拠に、イタリア人の友達を呼ぶと、みんな「あっ、古くていいネェ」と、天井を見上げて言う。

それは若者も同じ。彼らは最近郊外に建てられた打ちっ放しコンクリートのアパルタメントを、「ありゃカーザ・ディ・カルタ（紙の家）だぜ」といって敬遠する。イタリア人＝モダーンというイメージとは、実はまったく逆なのだ。

ちなみに彼らによれば、レンガ造りよりも石造りのほうが、さらにムードがあるそうな。「それも12世紀頃のがいいわね」としたり顔で言う。確かにちょっと田舎に行くと、そんな物件もポツポツとある。

もし日本の不動産屋さんに「築900年　石造り！」とか張り紙が出たら、新しもの好きの生意気ＯＬなど、きっと卒倒するに違いない。

キッチンのヒ・ミ・ツ

現在ボクたち夫婦が住んでいる家は、内見時には家具付きでないばかりか、キッチンさえも付いていなかった。

それまで家具付きの家に住んでいたボクたちである。ぜんぶ揃えるとなると結構な出費だ。難色を示すと、家主さん夫婦はいい人で、月7千円プラスと引き換えに、すぐ家具一式を揃えてくれた。

イタリアの台所で面白いのは、食器の水切りである。

高いところに付いているのだ。ポタポタ落ちる水滴は、下にある流しが受け止める仕組みである。

なかなかアタマがいい。

ただしこの方式、欠点もある。取り付け位置が高すぎると、お皿を置こうとするたび、水が腕をつたってダラダラと袖に入り込んでくるのだ。

使う人の身長をよく測って、適切な高さに付けないと悲劇を生む。

いっぽう、もうひとつは明らかに「日本のよい子の皆さんはマネしないでね」のシステムだ。

『キッチン扉の裏に付いたゴミ箱』である。

イタリアには意外にも三角コーナーというものが存在しない。だから、生ゴミもそこにボンボン捨てる。

フタもない。なのに悪臭があまり漂わず、ヘンな虫もわかないのは、湿気の少ないイタリアだからこそだ。日本でマネしたら大変なことになるに違いない。

それで思い出したが、少なくともボクはイタリアの台所でゴキブリやナメクジに遭遇したことがない。湿気が少ないから生息しにくいのだろう。

ただし、それだけで喜んではいけない。以前1階部分の家に住んでいたとき、台所にヤモリやサソリが舞い込んできたのだ。ついでにいえば庭で小さなマムシを発見したこともあった。

ゴキブリも困るが、ウサギの餌やりさえ怖くてできないボクとしては完全にお手上げだ。

ついでながら、彼らが出没するたび、ヒーヒー言うボクのかわりに、ほうきを派手に振り回して追い出してくれたのは、何を隠そうボクの女房だった。

30万円で「別荘持ち」になる方法

■増えすぎちゃって、困るの

　イタリアに住んで驚いたのは、「別荘を持っている人がゴロゴロいる」ことである。ボクの住むシエナの場合、約80キロ離れた海岸沿いに家を持っている人が多い。

　理髪店を営んでいた知り合いのおじいさんも、リタイアを機に別荘を購入した。訪ねてみたところ、おじいさんの別荘は、１９５０年代築と思われるアパートの１階部分だった。１ＤＫで、お世辞にもゴージャスとはいえないが、そのかわり円にして１千万円以下で買えたという。

　おじいさんの場合、10代からの四十数年にわたる勤労の成果であるが、労せずして相続で別荘を手に入れてしまう人もいる。

　その背景には、相続税がある。もともと低かった税率が、ベルルスコーニが首相に返り咲いた２００１年の税制改正でさらに引き下げられた。それによると、２軒め以降の家、つまり自宅以外にかかる相続税も、評価額のひと桁パーセント台前半で済む。

　したがって、１９６６年生まれのボクとそう変わらない歳のイタリア人が、別荘持ちだったりする。

　また、少子化が進んでいるので、親や親族の持っていた別荘が次々転がり込むケースも

多い。そのため、あるご婦人は「うちは別荘が増えちゃって、困るのよ」と言ってのけた。

というふうに、別荘が比較的身近なイタリアであるが、毎月の家賃でさえヒーヒー言っている我が家としては、夢のまた夢の話である。

■聖家族も別荘を持っていた？

ところで、ボクの行き着けのガソリンスタンドは、おしどり夫婦が営んでいる。旦那はジュゼッペ、奥さんはマリアという。ジュゼッペはヨセフのイタリア語である。したがって、「ヨセフ&マリア」という、まるで聖家族が営んでいるような給油所だ。ところが土曜に給油に行くたび、1947年生まれで58歳になるジュゼッペが給油ノズルを握りながら「さあ、今日は午後から海の家だッ」と嬉しそうに言う。

なんだよ、おじさんも別荘持ちか。ところが次第に、彼の言う「海の家」の全容がわかってきた。

海の家とは、キャンピングカーだったのである。

■クルマ買うより、夢がある

ヨーロッパのキャンプ場では、区画した敷地をシーズン中、数ヵ月貸し出すシステムが普及している。

そこで、ジュゼッペも2人の娘が小さかった12年前、それを活用することにしたのだという。

「トレーラー式のキャンピングカーは、150万リラで友達から中古を譲ってもらったよ」

150万リラは、ざっと換算して10万円といったところである。ジュゼッペ一家の敷地は、90平方メートルだ。ところで気になる敷地代は？

「木陰の有る無しや、海岸までの距離で料金が微妙に違うんだよ。うちの場合、今年は2人利用契約で、5ヵ月2500ユーロだったよ」

ゲストが来た日は、そのぶん日額を払えばいい。

40万円弱で、シーズン中「別荘感覚」が満喫できるとは。ヘタなクルマを買うより安くて、夢があるぞ。

ジュゼッペに頼んで、キャンプ場のカタログまで取り寄せた。

「週末は海の家ですから。原稿は週明けになりますヨ」と、日本の編集担当者に傲慢に宣告する自分の姿を、早くも想像した。

■肉も裏返せない奴は無理

だが後日、意外な落とし穴があることが判明した。

女房がマリアから聞いてきた情報によれば、多くのキャンプ場では、シーズンが終わると、場内の保管スペースに各自キャンピングカーを移動させるのが決まりだというのだ。

そして翌年には同じように、敷地まで引いてゆかなければならない。

「キャンピングカーを牽引するには、フックの付いた乗用車が必要」というわけだ。

それなら、フック付きのクルマを所有しているジュゼッペに頼めばいいじゃないか。

しかし、女房はそんなことは問題じゃないと言う。曰く、

「植木鉢をひっくり返してミミズが出てきただけで大騒ぎするアナタよ。半年近くも暖かいところに置いておいたキャンピングカーを動かせるもんですか」

そして、こう付け加えた。

「それよりその肉、ひっくり返してちょうだい」

見ると、卓上プレートの肉が焦げ始めていた。そういえば東京生活時代も、不精なボクはいつも肉を裏返すのを人任せにしてしまい、ついには「大矢と焼肉は食べに行くな」とまで言われた。キャンプ場でバーベキューなど絶対できない。

「30万円別荘」には、ボクの想像をはるかに超えたマメさが要求される。夢は、はかなく消えた。

カンティーナは楽シーナ!?

イタリアの家で忘れていけないモノといったらカンティーナだ。カワイイ響きだが、オンナの名前ではない。ｃａｎｔｉｎａとは物置きのことである。

日本のような別棟ではなく、たいてい建物の1階部分の隅っこにある。集合住宅の場合も、同じく1階部分や地下に各戸分のカンティーナが用意されていることが多い。

照明は裸電球1コというのが定番。面積は2、3坪のこぢんまりしたものもあるが、たいていはそこそこ広く、家によっては昔乗っていたボロボロの自動車が1、2台押し込んであったりする。

イタリア人はカンティーナに、ベッドでもタンスでも、家で使わなくなったものを何から何まで捨てずに押しこんでおく。それも無造作に、というのが原則だ。日本のＴＶで活躍している「カリスマ収納名人」をいつかイタリアに呼んで、片付けに挑戦させたいと思っている。

日本のスチール製物置きと違い、石造りの家の一部であるカンティーナは一年中涼しい。湿度もそれほど高くない。だから食料の保存にももってこいだ。

天井にはプロシュート・クルッド（生ハム）の巨大な塊を吊るしておくのが定番。また自家製ワインを入れた樽を貯蔵しておく家も結構多い。

ついでに言うと、イタリア家庭ではキッチンの冷蔵庫に付いているフリーザーのほかに、もうひとつ冷凍庫をカンティーナに置いている家もよくある。知り合いのテレーザさんの家では、なんとご主人が趣味のハンティングで獲ってきたというイノシシ肉が入っていた。


今のわが家にも、嬉しいことにカンティーナが付いている。賃貸契約書には何も書かれていないが、家主が「どうぞ使って」と空けてくれたのだ。

この記事を書くのをいい機会にメジャーで測ってみたら、1・1×3m＝3・3m^2。ちょうど1坪だった。クルマこそ入れないが、カンティーナがあるだけで、いっちょまえのイタリア家庭人になったような気がするボクは、自分でも結構単純だと思う。


ところでわが家主はエジプト旅行にハマッて、今やすっかりリピーターになっている。それはいいのだが、行くたびに古代遺跡のレプリカとか、何が書いてあるのか不明なパピルスとか、うっかり捨てるとタタリのありそうなモノばかり土産に買ってきてしまう。

わが家ではいつの間にかカンティーナが、そんな困った土産物の集積場になってしまった。しかし金ピカ・スフィンクスの置き物だけは、足元に転がしておくのはやっぱりキモチ悪い。

仕方がないので入って真正面の棚に据えた。ま、泥棒除け効果ぐらいあるだろう、と信じることにしている。

ムード照明の落とし穴

きっと目の構造が違うのだろう。イタリア人はちょっと明るくても眩しがる人が多い。だからせっかく陽のあたる家でも、鎧戸を閉め切っていたりする。いっぽうわが家は日本式に少しでも明るくしようと、光の入るところは開けまくっている。したがって知り合いのおばさんなどは、「明るすぎる」と言って、しばらくの間屋内でもサングラスを外さない。「ミラネーゼのサングラス使いをお手本にしたい！」なんていう気取った日本のファッション誌があるが、あれは単に眩しいのである。

そんなわけだからイタリアの家の照明も暗めだ。で、よくあるのは壁面に取り付ける間接照明。家具付き賃貸のわが家も、それが初めから付いていた。ボウルを半分に割ったようなシェードが上に向かって付いていて、天井をポワ～ンと柔らかに照らす。寝室などには、こりゃなかなかムード満点の照明なのだが、やはり居間や仕事場には暗い。

それはともかく、困ったのは電球が切れたときだ。交換するのにえらく手を突っ込みにくい。それどころか先日は、寝ていたらピシッピシッという音がするので「ヘンだな」と思って見たら、勝手にシェードのガラスが割れていた。恐らく電球の熱でガラスがもろくなっていたのだろう。

幸いガラスが床に落下することは防げたが、ひとつに見えたシェードはパズルの如くいくつのもの部分に分かれていた。

それらを引力に抗しつつ、再び垂直の壁に取り付けるのは至難の業だ。クルマを見ていても思うが、イタリア人は、どうでもいい物を妙に複雑な構造にしてしまう。

深夜だったこともあってボクは修理を断念。壁側の裸電球が丸出しになり、ムードあるベッドルームが一瞬にして「神田川」アパート風になってしまった。

さて後日、修理完了を機に「明るさと色はほぼ同じ、消費電力4分の1、寿命5倍！」というコピーに踊らされて、流行りの電球型蛍光灯を買ってきた。ところが取り付けてみると意外に電球が大きい。そのため上からハミ出てしまった。ああ、ムードを出すのは難しい。

メイドは1時間千円でやって来る

イタリア人家庭に招かれると、各部屋をひとつ残さず見せてくれる。トイレはもちろん、果てはクローゼットの中まで、ひととおり「ツアー」がある。これは「あなたに隠すものは何もないですヨ」という親愛の表現らしい。

面白いのは、そういう伝統が残っているのは、現在50歳くらいまでの主婦がいる家である。いっぽうで、40代以下の奥さんが仕切る家は雑然としていることが多い。

要するに、女性の社会進出が進むと同時に、家事に割く時間を減らさざるを得なくなったのだろう。

そういう我が家も、あまりジマンできるような状態ではない。床を這う電気コードが年々増え続ける。シゴトの資料も毎日増殖する。

収納名人の近藤典子氏などに見せたら、絶対カツを入れられる。

それでも日々の掃除は欠かせない。なぜなら、上の階の住人が歩くたびに、天井の煉瓦の破片がポロポロこぼれ落ちるからだ。これを掃くのは、毎朝の日課である。

勢い良く歩くルーマニア人の左官屋さんから女子大生に変わったため、その落下量は若干減った。それでも数日家を空けているとベッドカバーがザラザラになるから、結構な量なのだろう。

また、水道水の石灰分が強いから、蛇口を頻繁に歯ブラシで手入れしていないと、目詰まりしてくる。ただでさえイタリアは水圧が弱いから、シャワーは特に冬は丁寧に磨いておいたほうがいい。

イタリア人の友達は掃除のお手伝いさんをよく頼んでいる。といっても、ミニスカートにヒラヒラエプロンのメイド喫茶風お姉さんではない。大抵おばあさんの内職である。

先日親しい友人に聞いてみたところ、内容にもよるが、1時間8ユーロ（約1100円）前後が相場という。

それを聞いたボクの女房はさっそく「あら、ウチも毎日はムリでも時々お願いしようかしらん」などと、いつになく嬉しそうな声を上げた。

しかし、ボクは必死で阻止した。

イタリア語学習時代、「本を1冊読破」という宿題で買った小説『ロリータ』、雑誌で見つけてはついつい千切っておいたイタリアンセクシー女優ピンナップ……自分で片付けてからでないと、とても他人に掃除などして頂けない。

なんたって数年前ボクが水疱瘡になったとき、早くも翌日にはご近所中に知れわたっていた町である。まるで「家政婦は見た」のイタリア版である。

説明せずには死に切れないモノの数々が、噂となって流布するなんて、考えるだけで身震いしてしまう。

黄金ドリルを持つ男

イタリアの賃貸は、ありがたいことに『壁の穴開け』が大目に見られていることが多い。ただし、たいていの壁は煉瓦の上に漆喰が塗られたもの。硬くて画鋲は刺さらない。砂っぽい煉瓦ゆえ、ネジやクギを直接刺してもポロポロ崩れてグラグラになってしまう。そこで、①電動ドリルで穴を開ける　②プラスチックのチューブを挿入する　③そこにネジを入れる、というのが正しいお作法なのである。

我が家主などはいい人だ。ボクが「鏡を付けたい」と言うと、さすがエレベーター取り付け会社のシャチョーらしく、プロ仕様のドリルとともに参上。あっという間に穴を開けてくれた。

しかし、やっぱりいちいちヒトに頼むのは面倒だ。「自分で電動ドリルを買おう」と思った。

なんでもモノから入るボクとしては、家主並みのプロっぽいのが欲しかった。だがやっぱり高い。そこで日曜大工好きの友人に聞いたら、「壁の穴くらいなら、安いので充分だゼ」と笑われた。

ディスカウントセンターに行ってみると、ありましたヨ。聞いたこともないブランドだ

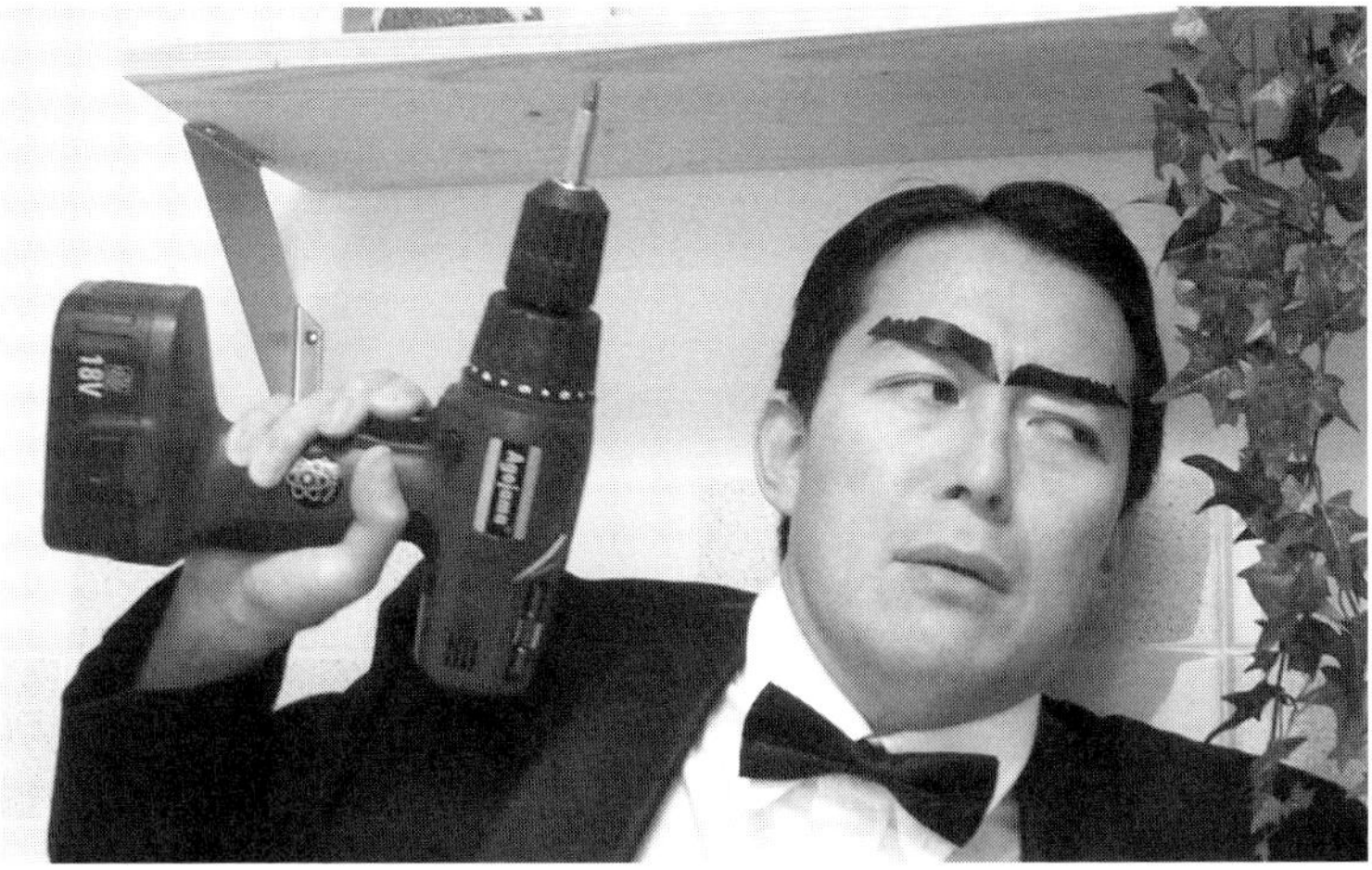

ドリル。それは壁という敵との戦いである、なんちゃって。取り付けた棚の下で。

が、高級品だと別売の、径が違うドリル＆ドライバーが各6本も付いている。ボクは24・99ユーロ（約３５００円）という、いかにも安売りっぽい値段が付いたそれを購入した。

でも以来3ヵ月、物置きに放置してしまった。なかなか自分で壁に穴を開ける勇気が出なかったのだ。ピアスの穴開け器を買った人の気持ちとは、こんなものだろう。

しかし、これじゃもったいない。

棚でも付けてみようと思い立ち、ＤＩＹ家具店に行ってみた。

すると、今まで「ドリルがないから」と諦めていた商品が、急に目に入るようになった。「アレもできる、コレもできる」と、行きつけの店でも、違う店に見えるからフシギだ。

結局４・９ユーロ（約６８０円）で棚の

キットを購入。ちなみに、ネジや例のプラチューブは先述の友人が「ドリル購入祝いだ」と言って、大量にプレゼントしてくれた。

一旦始めると止められなくなるボクは、棚のほかにも、額ぶちのフック用など、いろいろ穴を開けてみた。

やがて同じ煉瓦壁でも硬くて難航したり、思いのほかヤワで困ったり、場所によって相当バラつきがあることがわかってきた。

いつも違う壁がボクに戦いを挑んでくる。これって、毎回敵が違うジェームズ・ボンドのようだ。いや、未踏の霊峰に向かう登山者の心境に違いない……と、ケーブルカーのある山しか登ったことがないのに、自分なりの理論を構築しながら、今日も次の穴空け場所を探している。

奮闘・中世の家にパラボラ

わが町には、市が敷設したケーブルテレビがある。でも今の家に引っ越してきたとき、ボクの住むアパルタメント棟には引かれていなかった。

しばらく待ったものの、工事が始まらない。市役所に勤める知り合いに言ったがダメ。ついには市長直々に手紙を書いたが、これまた効果ナシだった。

そこで考えたのが衛星放送である。

ホームセンターで、パラボラ＋チューナーで１９９ユーロ（約2万7千円）とかで売っている。

「同じ税金払って、なんでウチだけ自腹なんだ」と思うと腹がたつ。でも、生きた化石のような老アナの地元ニュースやＢ級映画まで見せられるケーブルより、観たい局が多い衛星にパラボラを向けたほうが楽しいことも事実だ。

問題はアンテナの取り付けである。

店員は「屋根に上がるの恐かったら、友達に頼んだら?」とアドバイスしてくれる。

郊外の近代的マンションなら、ベランダや屋上に簡単に取り付けられる。

だが旧市街にある我が家にはベランダがない。そのうえ「4階建てで瓦屋根」という中世建築である。素人工事で足を滑らせたら即、死を意味する。

そこで「アンテニスタ」といわれるアンテナ工事屋さんに依頼することにした。取付費200ユーロ+チューナー100ユーロ=300ユーロ（約4万円）という。

同じ日、屋根の上がり口を確認すべく、家主を訪ねた。すると意外な事実が判明した。「簡単に屋根に上がれない」のである。

屋根続きである隣のアパルタメントの、最上階からしか上がれないという。しかも、その鍵は最上階の住人が持っている。どこまでも複雑怪奇な中世建築である。

さらにその最上階の住人は大工さんなので、朝早く夜遅い。なかなか鍵を借りられなかった。

やっと鍵を借りることに成功し、アンテニスタを屋根に上がらせることができたのは1ヵ月も後のことだった。

家庭内配線も、壁の中を這うチューブが変に曲がっていて、2時間もかかった。

ああ、まったくもって中世の家は、アンテナひとつでも大変である。電気ドリルによる煉瓦壁の穴開けも難航している。

ところがアンテニスタのおじさんは「いやー、古い家はいいねエ」と感心するではないか。なぜ？と聞けば、「煉瓦は古くなるほど固くなる。柱のナラの木も固くなって、虫が喰わなくなるんだ」そうだ。

年月を重ねるごとに強くなる家に住んでいるとは。「いい家に住んでるねエ」と言われるのは、歯医者に「いい歯してるねエ。虫歯ナシ」と褒められた以上に気持ちがいい。アンテナ騒動には参ったが、ボクは嬉しくなった。

ついでにその日の夕方、家主から家賃の値上げを宣告されなければ、もっと嬉しかったのだが。

中世都市の屋根は
古いから
結構命がけなんだよ
SAT
あっ
瓦が

幻の暖炉付き住宅

10年前、イタリアで初めて借りた1Kのアパルタメントは、狭いながらも家具付きだった。

でも暖房はといえば、ちっぽけな電気温風ヒーターひとつ。ましてやそのヒーターときたら、「弱」モードは限りなく冷風だった。だからといって「強」モードにすると、過熱してプラスチックの本体がトロトロと溶け始めた。「イタリア製だねえ」と笑う日本の友人に、「火事になるかもしれなかったんだゾ」と思わず一喝してしまったのを覚えている。

それと比べれば、今のわが家は人並みの暖房が付いている。湯沸し器のお湯を各部屋の放熱板に循環させるセントラル・ヒーティングだ。イタリアで最もポピュラーな暖房方式である。

ストーブと違い、空気が汚れないのは有り難いが、難点はたとえ1部屋しか使わなくても、キッチンからトイレまで、家中お湯が回ってしまうことだ。各部屋の放熱板に温度調節ノブがあることはあるのだが、たいして役にたたない。

それでもマシなのは、わが家1件だけでもスイッチオンできることである。というのは、集合住宅全体が1個の巨大ボイラーに頼っている物件だと、たとえ自分が風邪をひいて死にそうに寒くても、管理組合が決めた日にならないと暖房のお湯が来ないのだ。これからイタリア留学を考えている人はアパルタメントを選ぶとき、コレに気をつけないと泣きを見る。

実は今の家を探しているとき、「暖炉付き物件」というのにも巡りあった。３ＬＤＫ＋シャッター付きガレージで円にして約７万円と、東京の相場から考えれば安いものだった。しかし暖炉がある家に住むイタリア人を見ていると、毎日のように薪を小さく割り、灰をマメに掻き、シーズンオフには煙突掃除を丹念にしている。

それを見るにあたり、斧振り経験もなく掃除嫌いなボクは、市街からバス30分と遠かったこともあって、その暖炉付き物件を断念した。

「暖炉の前でロッキングチェアにでも座りながら、レース編んでたかもしれないのにナー」

今も女房は70年代ポップスのようなことを時折恨めしげにつぶやく。

「暖炉っていうのはな、薪が不完全燃焼でくすぶれば、家中煤だらけになることだってあるんだ。白いレースなんか途端に真っ黒だゼ」

……と反論しようとしたところで、レースを編むどころかボクの破れた靴下を直しているのに気がつき、思わず口をつぐんでしまった気弱なボクです。

涙の賃貸アパルタメント探し

■8割以上が持ち家住まい

イタリア人の持ち家志向は、きわめて強い。

調査機関チェンシスが発表したデータによると、イタリア人の87・1％は持ち家に住んでいる。これは、2001年の75・3％より、さらに高い数字だ。

すでに記したように、イタリアは相続税が日本に比べて格段に安い。

また、ここ数年不動産価格は、軒並み上昇傾向にある。

知人のナポリ人建築家の言葉を借りれば、「(日本式の)1階の家まで、とんでもない値段になってしまった」という。市街地の1階の家は、不人気物件である。人や車通りでうるさいし、治安に不安がある。つまり、そんな家でも高くなってしまったというわけだ。

目下のところ、住宅は目減りしにくい資産なのである。

まあ、一時より改善されたとはいえ依然8％台の失業率で悩むこの国である。せめて子供たちには家の不安がないようにと、持ち家を買い求めるのもわからないではない。

■賃貸そのものが希少物件

いっぽうで「賃貸は？」というと、これがなかなか厳しい。活発な持ち家市場の傍らで、賃貸物件が少ないのだ。だから貸し手市場となる。

ボクのイタリア生活を振り返っても、家探しはいつも大変だった。

10年前シエナにやって来たとき、右も左もわからなかったボクは、登録した外国人大学の学生援護課に紹介してもらうことにした。

ただし、あるのはルームシェアばかり。つまり、大きな家のひと部屋か、もしくは2人部屋の1ベッドを借りる。台所や風呂トイレは共同である。ヨーロッパの学生はそれが一般的であることを知っていたが、女房連れの身としては、それはきつい。

ホテル住まいで財布の中身が底をつきかけた頃、ようやく日本式でいう1Kの家具付きアパルタメントを紹介してもらえた。

そこは見晴らし良好だったものの〝激狭〟だった。そこで1年半後、もう少しマシな家を、と引っ越しを検討することにした。

ところが大抵の不動産屋は、前述のような持ち家志向を反映して、手数料が多い売り物件中心である。「賃貸探してるんですけど」などと入っていっても、「ねえよ」という短い答えで終わるか、「見つかったら連絡するから、電話番号書いてって」である。ちなみに後者の場合も、先方からの連絡はないと思っていい。

東京生活時代、駅前を降りれば賃貸が得意な不動産屋が何軒もあって、「物件を見たい」と言えば、女性従業員がその日のうちにクルマで連れていってくれたのが懐かしくなる。

結局、学生用でマシなところを探すのだが、その手の物件は家主も最低限の設備投資で元をとろうとするから、備え付けの物品がボロい。ある物件の冷蔵庫といったら、古さが企業博物館級で、恐ろしくて開けられなかった。

そうかと思うと、広い家があるというので行ってみたら、10室近くあった。もちろん家賃は3倍である。今になれば、余った部屋を学生アパートとして「また貸し」すればよかったか？とも思うが……。

それでも不動産屋に足しげく通い、ようやく旧市街からバスで15分ほど離れた郊外に、これまた居間＋寝室＋狭いキッチンの家を見つけた。例の日本式1階だった。

■捨て身の捜索

だが3年後、家主が階上に住んでいるこの家を、ボクが住む1階まで「階段を通して拡張したい」と言い始めた。

「すぐには着工しないから、立ち退き期限は設けない」と言ってくれたものの、そこは心配性な日本人。どうも落ち着かない。

ふたたび、家さがしを始めた。

まずは、イタリア人の知り合いに声をかけまくった。

旧市街の観光地区のド真ん中というので行ってみたら、未修復で幽霊が毎晩出そうな家だった。これじゃ毎日が肝試しだ。

いい家があるというので行って見たら、バスが1日数本しか来ない、えらい郊外だった。目の前に広大な畑があって、家主は「勝手に摘んでいいよ」と言うものの、人はオリーブとイチヂクのみでは生きられぬ。それにクルマがないと身動きできないのは困るので、こ

れも却下。

そのうえ、多くの家主は、領収書を出したがらない。「半分の額なら書くよ」という狡猾な輩も多い。

最後の手段として、捨て身の作戦に出た。部屋さがしをする学生のごとく、大学の掲示板やバス停に貼り紙を出したのだ。

「信頼ある日本人夫婦　アパルタメント求む」

少しでも目だつように似顔絵も描き、日本の書店におけるPOP広告のように、風で揺れる立体部分も付けた力作だった。

しかし、いつまでたってもオファーの電話は来なかった。ポスターも剥がしに行く前に消えていた。きっと風で飛んでしまったのだろう。企業の駐在員とかは、こんな苦労ないんだろうな。情けなくなった。

ええい、こうなったらキャンプ場のレセプション係をしている知り合いのルアナに頼んで、テント生活をしてやるぅ……と思い詰めたところで、日頃から親しい商店のおばちゃんが、「親戚が修復を終えた物件があるわよ」と教えてくれた。

街のド真ん中ではないが辛うじて旧市街にある現在の２ＤＫ＋イングレッソ（玄関）。庭はないが、これは便利である。誠実な家主で、領収書もちゃんと出してくれるという。かくして、その物件に住み始めた。

しかしながら、イタリアの賃貸さがし、日本では味わえない苦労がある。ピザ屋さん、惣菜店店主、パン屋さん、とイタリアで様々な職業の友達ができたが、不動産屋の友達がいない不幸を嘆いた。

そういえば、イタリアの美人タレント、アンナ・ファルキは、ある不動産王と電撃ともいえる結婚をした。彼女の華やかさと対照的に、まったく地味な男だ。案の定、彼が不正取引事件で逮捕されたのをきっかけに、まもなく事実上の別居状態となった。もしや彼女も、賃貸物件探しに困ったあげく、彼に近づいたのでは？と勝手な想像をしてしまうのは、ボクだけだろうか。

第2章

食べてわかった、イタリア食文化のゲンジツ

今やイタリアでは、日本人が思い描いているような料理上手のマンマは絶滅危惧種だ！　それでも、エスプレッソコーヒーをバスの中にまで求める客がいて、自家製ワインをコツコツと造っているおじいさんがいる。なーんて安心していると、日本人だからというだけでいきなり寿司を握らされる羽目になる。本当はマンマミーア！な、現代イタリア食文化におけるゲンジツの数々。

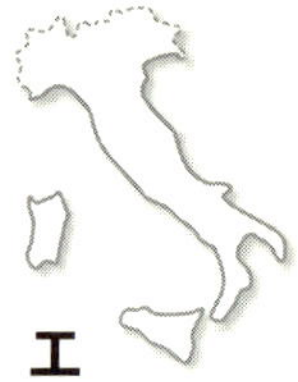

エスプレッソが出る路線バス

■腰にピストル、片手にカップ

イタリアでコーヒーといえば、エスプレッソである。念のためおさらいしておくと、熱湯を高圧でパウダーに通す濃厚なコーヒーのことだ。

日本では、「本格的イタリアン・バールの味をご家庭で」なんていうキャッチで、エスプレッソ・マシーンが販売されている。

しかし、当のイタリア人はといえば、本当に自宅でうまいエスプレッソを飲もうと考えている人は少ない。

どうしているか？　答えは「バールに行って飲む」のである。

プロ用マシーンは家庭用と湯の圧力が違う。パウダーを充填するときの微妙な押し加減も、バリスタ（バールマン）には敵わない。

そして味以上に、イタリア人にとってエスプレッソ・タイムは、「仕切り直し」の意味がある。

だから、夕食後にエスプレッソだけ、フラッと外のバールに飲みに行く人が多い。

リストランテで食事をしたあともそうだ。ウェイターに薦められるままコーヒーを飲まない。

高速バスのエスプレッソ・マシーン。「そんなに珍しいか？」と運転士。

その店は撤収して、別のバールでグイッと立ち飲みするのが粋なのである。

ボクの知るイタリア人カメラマンに至っては、リストランテと道を挟んで向かいにあるバールで堂々とエスプレッソだけ飲む。したがってリストランテの店員からは丸見えでバレバレなのだが、臆する気配はない。

日本では警察官といえば交番で食べるカツ丼やラーメンだが、イタリアでは警官もバールでピストルを提げたままエスプレッソを傾けている。外には、窓を開けたままのアルファ156のパトカーが停まっていたりする。

イタリア人のエスプレッソを飲む時間は極めて短い。バリスタに注文する↓カップが出てくる↓砂糖をドドッと入れる↓グイッと一気に飲み干す↓脇に置いてあるスポーツ新聞『ガッツェッタ・デッロ・スポルト』で昨晩のカルチョの結果をチェックする→会計しながら、バリスタの娘と冗談を交わす→退出、まで3分前後である。

スクデリア・フェラーリのピット作業を見るような鮮やかさがある。

エスプレッソは表面にできるクリームを味わうことも大切だが、アメリカンコーヒーと違って何より冷めてしまっては台なしなのである。寿司を名店の職人の前でダラダラ食べてはいけないのと同様、バリスタに対してもグイッと飲み干すのが礼儀である。

東京でイタリアかぶれした奥様方が、オープンカフェでカップを掌でいじって話に花を咲かせていたり、ゆっくり傾けているのはお笑いものだ。店の客回転率を上げるためにも、とっとと飲んでほしい。

■妙に恋しい「あれ」

エスプレッソ文化は、バール以外にも浸透している。

アウトストラーダのサービスエリアにおけるセルフ式食堂でも、大手ハンバーガーショップでも、会計のとき「カフェ、どうしますか?」と聞かれる。ｓｉ（はい）と言うと、レジ係はそのぶんを加算してくれる。お客は食後、店の片隅にあるバールカウンターにレシートを持ってゆくと、エスプレッソを入れてくれる仕組みだ。

ただし、多くのイタリア人にとって、エスプレッソだけは場所を変えて飲むというのは前述のとおり当たり前の話。

大きな工場や会社だと社員食堂とは別にバールがあって、みんな休み時間や昼食後にグイッとやっている。フェラーリやドゥカティにも、社員専用のバールがある。

自動車販売店でも隅っこに大抵エスプレッソ・マシーンが置いてあって、セールス係も客も自分で操作してジュワーッ！とやる。

面白いのはマシーンを装備したバスが多いことだ。

観光バスだけではない。ボクがよく利用するシエナ〜ミラノを結ぶ高速路線バスにも付いている。それもピニンファリーナ・デザインのスタイリッシュなやつだ。

ボクの観察によれば、その日の運転士によって無料だったり有料だったりする。また、渋滞にはまると、申し訳なく思った運転士がタダにしてくれたりする。

そんな全国津々浦々でうまいカフェが飲めるイタリアであるが、逆にないものがある。缶コーヒーだ。

濃厚なエスプレッソばかり飲んでいると、妙にあの「ゆるさ」が恋しくなる。スパルタンなアルファ・ロメオ乗りでも、クラウンに乗ると妙な憩いにホッとするのと同じだ。

しかし、イタリアでは缶コーヒーを売るような自動販売機が普及していないし、そもそもイタリア人はエスプレッソ以外をコーヒーと認めていない。

少し前ドイツ系ディスカウントストアに、ポリ容器入りコーヒーが突然現れたが、いつまでも売れ残っていた。そして先日もう一度買いに行くと棚から姿を消していた。

きっと、我が家しか買わなかったのだろう。

出た！チンクエチェント型パスタ

■格安ものには手を出すな！

イタリア人にとってパスタは、「たかがパスタ、されどパスタ」である。

ボクが行きつけのディスカウントスーパーには、日本では絶対お目にかかれない無名ブランドの格安パスタが売られている。我が家などは戸棚を開けると、そうした無名パスタの袋が雪崩の如く落下してくる。

ところがそうしたディスカウント店でもイタリア人は、格安ものの１・５～１・７倍高いバリッラやデチェッコといったパスタを買う。

たしかに、ブランドものは、茹であがりのコシが違う。いや、それ以前に茹で上がりの香りからして違う。イタリア人にとってブランドものパスタは、日本人が「米はコシヒカリに限る」と言うのと同じ。ケチってはいけないのである。

■パスタいろいろ

パスタメーカーによっては、１００種類以上の形のパスタを製造している。

しかし、いわば標準型といえるパスタがある。

その典型的なものが、スパゲッティとその細型であるスパゲッティーニ、ペンの形をし

「500グラムの500」と書かれたラベルと、茹でる前のパスタ。

たペンネ、フジッリといわれる捩り形のものだ。

これらのパスタは、ブランドを問わず比較的安い。製造工程が簡単だからである。そのうえ、どんなソースでも絡まり加減が良い。販売量が多いのでさらに安くなる。良好な経済の循環構造ができている。

その傍らで、凝った形のパスタも時折試みられる。

一例がカースタイリストとして知られるジョルジェット・ジウジアーロが80年代に考案したパスタである。ソースの絡み、コシ、茹で加減、そして生産効率を熟考したものという。

製造元は量産パスタメーカーとして最高級といわれるヴォイエッロ社だった。残念ながら、すでに絶版となっており、ジウジアーロの作品展などでしかお目にかかれない。

■「あんたも好きネエ」はガイジン用

「お笑いパスタ」というジャンルも存在する。

その代表的なものが、男女の局部を模したものだ。たいてい「セクシーパスタ」といった名称で売られている。

フォーミュラカーをモティーフにしたものもある。ある土産物店では、スターティンググリッド状に見本を貼り付け、わざわざ先頭に「シューミー」「マッサ」と但し書きがしてあった。店主はファンに違いない。

ただしいずれにしても、こういうお笑い系パスタは、一般のイタリア人は食べない。東京の外国人観光客向け土産物店で売っている不思議なキモノを、日本人が着ないのと同じと考えればよい。

したがってイタリアでも、お笑いパスタは土産物店の専売品である。セクシーパスタの袋を手にとってニヤニヤ笑っているのは、大抵ドイツ人のおじさん・おばさんたちだ。そうした光景を見るたびボクなどは、「あんたも好きネエ」という、往年のドリフターズにおける加藤茶の名セリフをかけたくなる。

■真打登場

いっぽう、イタ車ファン待望の、お笑いパスタの真打が今年誕生した。

名づけて『500（チンクエチェント）パスタ』である。

考案したのは、ボクが行きつけのトリノの軽食堂『オステリアF.I.A.T.』の店主兄弟

Osteria del F.I.A.T.
Via Biglieri, 2-10126 Torino
Tel +39-011-6962651　日曜休

である。

ところで、自動車関連グッズ全体にいえることだが、本当にクルマ好きが作っているかどうかで出来ばえが変わる。いくら有名イラストレーターが描いても、本人がクルマに関心がないと、見るに耐えないものになることがよくある。

その点この500パスタは、デフォルメがうまい。特徴あるサイドラインが明快かつ単純に再現されている。同時に、全長4㎜×全高19㎜（茹で上がり時。メーカー発表値）という小ささの中に、三角窓やテールランプ、バンパーといった細部を造りこんでいる。

乾燥パスタは押し出し型で造る以上、どんな形のパスタでも造れるというものではない。チンクエチェントをできる限りきちんと再現しようという、製作者の熱意が感じられる。なにしろ前述の店主兄弟のひとりはフィアットの元工場従業員で、同社製品への愛着のあまり食堂を始めてしまった人物なのだ。

500パスタは、イタリア国旗にちなんで赤、白、緑の3色が入っていて、内容量も500グラムと洒落も効いている。

価格も2・5ユーロ（約370円）と、前述のセクシーパスタが700円以上するのから見ると極めて良心的だ。大衆車の王様であった本物のチンクエチェントに恥じない価格設定である。

残念なのは現在のところ、原則としてこのトリノの軽食堂でしか買えないことだ。

なお、茹で時間の目安は7〜8分。凝った形ゆえ、茹ですぎるとシャコタン・アバルト仕様になるどころか、解体の危険性すらある。パスタもオーバーヒートにはご用心を。

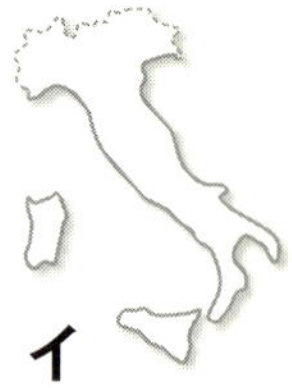

イタリアのパンはマズいゾ

■日本向けチューンに騙されるな

毎年ジュネーヴ・ショーの帰りに、忘れず大量に買うモノがある。

何を隠そう、パンである。

ジュネーヴからモンブラン・トンネル経由でイタリアに帰るには、一度フランスを通る。

そこで、毎年パンをしこたま買い込んでくるのである。

700km離れたトスカーナの家に帰ったら、すぐ食べるぶんを除いて速攻で冷凍室にぶち込む。

なんで、そんなことをするか？

イタリアのパンはマズいのである。

「そんなこと言ったって、日本で売ってるパニーニのパンとか、うまいヨォ」という御仁もいると思う。

しかしあれは、日本のパン屋さんが日本人向けにチューンしているのである。

日本を走っている輸入車が、実は本国にはないフル装備仕様だったりするのと似ていなくもない。

■カチカチ、パサパサ

イタリアの典型的パン『パーネ・コムーネ』は、悲しくなるほど味がなく、パン切りナイフが負けるほど固い。そして1日置くとパサパサに乾燥してしまう。

その理由は、バターを使わず、塩も味を左右するほど入れないからだ。

なぜこんなパンになってしまったか?

まず、バター。イタリアは北部の山岳地方を除いて、長いことバターはポピュラーではなかったためである。

次に塩。これには諸説あるが、「その昔、塩が貴重だったから」というのが有力である。

イタリアはご存知のように海に突き出た半島だが、多くの都市はローマへの巡礼ルートだった内陸で栄えてきた。

ボクの住むシエナも中世に繁栄を謳歌した街だが、海からは80km近くある。

塩が貴重だった証拠に、また時代によっては塩で給料を払っていた名残として、今でも市役所の地下には『塩の保管庫』がある。

毎日大量に消費するパンに、塩を使う余裕などなかったのだろう。

■イタリアン・サラミにバゲットはダメよ

そしてもうひとつ、イタリアパンの味が薄いのには、理由がある。

料理と合うのだ。

塩は貴重といいながらも、今日のような保存技術が発達していない昔、長持ちさせる最善のスパイスは「塩」だった。

サラミ、生ハム、みんな塩をバシバシ使う。で、そうしたものと一緒に食べるパンに、あまり味が付いていると、どうもバランスが悪い。したがって、パンの味は無いくらいのほうがいいのだ。

事実、冒頭でフランスのパンを礼賛したボクであるが、他地方のイタリア人さえ驚くほど塩気が強いトスカーナのサラミを、バターたっぷりのバゲットにはさんで食べてみたことがある。

異常にモッタリとして、相性が悪かったのを覚えている。

■あの人の、気になるコトバ

ということで、イタリアのパンの「マズさ」には、それなりの背景と理由がある。

それでも個人的にはパン単体で比べれば、イタリアのものより、バターも塩も惜しみなく使ったフランスのほうが口に合うのが正直なところである。

結構大人になるまでフランスパンよりもフワフワの「食パン12枚切り」が世界一ウマいと信じ込み、『春のパン祭り』のシールをマメに集めていたお前が何を言う、と言われればそれまでだが……。

いっぽうイタリア人は、たとえ味が薄くても、パサパサしていても、慣れ親しんだイタリアのパンをこよなく愛する。

「フランスパンなんか、モッタリしていて嫌いだゼ」と言って憚らない人も多い。

それで思い出した、気になる語録がある。ランボルギーニの創始者・故フェルッチョ・ランボルギーニの言葉である。

あるジャーナリストから、

「フェラーリやマセラーティなど、高性能のグラン・トゥリズモは、なぜみんなエミリア地方製なのか？」と聞かれたときのことだ。

フェルッチョは

「世界一うまいパンは、（エミリア地方の）フェッラーラのパンでしょうが」と豪快に笑って答えたという。

答えになってるのか、なってないのかわからない問答ではある。しかし一度、機会があったらフェッラーラのパンとやらを食べてやろうと思っている。

待ってろ、フェルッチョ。

雨乞い必須？　カエル感謝祭

■DSは怨霊？

海外の日本人ビジネスマンを、ときには冷徹に、ときにはユーモラスに描く深田祐介氏の作品に、こんな一節があった。

舞台はフランスの夜道である。

曰く、バックミラーにシトロエンの黄色いライトが映ると、前日食べたカエルの怨霊のようで気味悪い、というものだ。

「シトロエン」とは、たぶんＤＳの後期型だったに違いない。前期型以上にライトがガマガエルっぽいからだ。

■キワモノの惨禍

フランス＝カエルは、人々の連想における定番中の定番である。

英語にはフランス人を茶化す言葉として、フロギー（カエル食い）というのがあるほどだ。

ボク自身は、あまりこのカエルについて語りたくなかった。

なにもゲテモノが嫌いだからではない。事実、生まれてこの方、気味悪くて食べられなかったモノはない。

理由は、キワモノは人の注目を惹くものの、大多数を抹殺するからである。

ボク自身も、キワモノ報道の被害者である。

数年前、イタリア公営放送の旅行番組が「東京篇」を放送したときのことだ。レポーターはゲイシャ、ギンザと定番コースをつぶしてゆくのだが、食のコーナーでマムシの生き血を試飲したのである。

ボクは東京時代、最高級のユンケルを試したことはあるが、マムシはない。いや、これからも自分でお金を払って賞味することはないだろう。

にもかかわらず、翌日からイタリア人の質問攻めが始まった。

「あんなもの、ホントに飲むのか?」というわけである。

そのたび「あれは特別なリストランテのものだ」と、百回以上は説明した。

フランス人でも、「カエル?・キモ悪ぅ」「食べたことない」という人が大勢いる。

キワモノの報道の惨禍を体験したボクとしては、自らはその加害者になるまいと決意していたのだ。

■カエル初体験

しかし食べるだけならいいだろう、と、パリに行った際に賞味することにした。

ところが、レストランでは円にしてひと皿2千円台。それに「カエルだけくれ!」とは言いにくい。

そこで高級食品店でカエルを発見したボクは、貸しアパルトマンの台所で再加熱した。その即席物、すでにニンニクとパセリと和えてあったものの、カエル自体は淡白な味だった。鶏よりもクセがないといっても過言でない。細い骨が一杯あるが、「食べにくいものほど、食べた征服感がある」と信じているボクには問題ない。

■カエル噴水まで建立

しばらくして、ボクが住んでいるシエナから車で20分ほどのカステルヌォーヴォ・スカーロ村でも『カエル感謝祭』が行なわれることが判明した。「一度食べたら、カエルに帰る」などという駄洒落を思いつくとともに、「なーんだ、イタリアでも食べるのか」と思った。

近所のお年寄りも「戦後食糧がない時代は、わしも川の近くでよく捕って食べたもんよ」と教えてくれた。

さて感謝祭当日、ちょっと早めに会場である村の公民館に行ってみた。すると、調理場で村のおじさん・おばさんたちが総出で準備をしていた。

世話役のおじさんが言うに、一帯の沼で昔はカエルがたくさん捕れたのだそうだ。

そこで住民の結束を図るべく30年前から毎年やっているのが、この祭りという。去年は公園の一角に「カエル噴水」も建てたと

村の自慢『カエル噴水』。

いう気合の入れようだ。

ただし現在は、養殖のカエルを使っている。今や何ヵ月も前から予約しておかないといけないという。

ボクが「今日は天気がいいから、お客さんたくさん来るでしょう」と言うと、おじさんは、

「ダメダメ、晴れるとみんな海へ行っちゃう。雨降ってくれないと」と言って不安そうに空を見上げた。

雨乞いとは。もはや、おじさんまでカエルになっていた。

大変だ「マンマ」消滅の危機！

■こいつぁ春から……

2006年1月、フィレンツェ名物のTボーンステーキ『ビステッカ・フィオレンティーナ』が、解禁になった。4年9ヵ月ぶりだ。

何がいけなかったか？というと、BSE（狂牛病）の原因となる成分が蓄積しやすい脊柱部分を含んでいたからである。

そのため、EUによって2002年から食用が禁止されていたのだ。

今回、生後13ヵ月以上の安全な牛に限って、出荷が再開された。

イタリアでは、「ひとつの食文化の復活」として、新年に幸先良いニュースとして伝えられた。

■手をかけた「食」が消えてゆく

だがボクにとっては、食生活に関してちょっと残念なことが続いている。

「手をかけた、うまいもの」が消えつつあるのだ。

たとえば、ここ数年、友人宅に招かれるたび楽しみにしていたウサギのオリーブオイル煮込み。その家のおばあちゃんが庭で飼育していたウサギは、スーパーで買うものよりも格段に脂肪が少なく、締まっていた。

ところがおばあちゃんは、すでに93歳。寄る年波には勝てず、去年から「マイ・ウサギ飼育」をやめてしまったのだ。

もちろん、嫁はうさぎの飼育など知らない。あの味は幻となった。

もうひとつは去年の暮れ、地鶏を分けてもらおうと、我が家から20km離れた農家に赴いたときだ。こちらもブロイラーの鶏より明らかに締まっていた。だから、ここ数年クリスマスのお楽しみにしていたのである。

ところが行ってみると、扉は固く閉ざされ、鶏が飛び回っていたところには雑草が生えているではないか。

近所の人に聞けば、おじいさんが高齢で亡くなり、おばあさんは娘夫婦のところに移り住んだのだという。

またひとつ、「うまいもの」が消えた。

■「料理をしない家」増加中

いっぽうで、イタリアで増えているのは、「あまり料理をしない家庭」である。

たとえば、ご近所の奥さんの場合。週の大半の食事は、簡単なもので済ませている。しっかりとした夕食は、週末に両親の家でとるだけである。

知り合いの観光ガイドの女性の家は、料理は毎日通いで来るお手伝いさんに、ほぼ任せっきりである。

また、ある商店のオーナーであるシニョーラは、家では一切調理をせず、惣菜屋さんで調達しているという。

いずれの奥さんも、ボクに「料理はあんまり得意じゃないから」と話す。ガイドの女性の子供は、「お母さん、料理ヘタ」と証言してくれた。ボクは何も聞いていないのに。

■コックの試験

そんな現象を証明するような番組も、イタリアでは毎日昼に放映されている。

「Ｐｒｏｖａ ｄｅｌ ｃｕｏｃｏ（コックの試験）」という番組である。イタリア公営放送の第１チャンネルだ。

（素人さん＋プロ）×２組による料理対決のほか、司会の女性も料理を実演する。

その司会者、実に料理がヘタなのである。

もちろん、達人の包丁さばきばかり見せられても、つまらないことは承知だ。少々まどろっこしいくらいのほうが、視聴者の共感を呼ぶ。『ＮＨＫ きょうの料理』の後藤繁榮アナウンサーの人気だって、そこにある。

しかし、このイタリア番組の司会者の場合、ちょっと器用な日本人の料理好きオヤジならできるような、手打ちパスタとか、詰めものパスタとかを大騒ぎしながら調理し、番組を進行してゆくのである。

それとは別に、民放のお昼のニュースの中にも、毎日料理を話題にした『Ｇｕｓｔｏ（味）』コーナーがある。

こちらも「ご当地産品紹介」とかはいいのだが、「料理法」のときは、タリアテッレとか基本的なものだったり、単にオリーブオイルとニンニクで炒めるだけのものを、妙に丁寧に解説している。

さらに、調理しているのがプロのシェフだったりして、思わず「なにもアナタが、そんなものまで」と同情してしまったりすることもある。

いずれも番組やコーナーがすでに数年来続いていて、前者に関しては番組本まで出ている。「へえー」と感心しながら真剣に観ている主婦が多いからに違いない。

■肥満児ナンバーワン

もちろん、以下はそうした最近のイタリア人の食生活と、どこまで関係があるかは不明である。

そして、出来合いの食品だって、工夫して食べれば、ちゃんと栄養を摂取できる。それを断ったうえで、こんな数字があることを記しておこう。

世界保健機関の発表によると、ヨーロッパの中で肥満の子供のパーセンテージがいちばん高いのはイタリア（36％）で、スペイン（27％）、スイス（24％）、英国（20％）と他国を大幅に引き離している。

また、人口に占める糖尿病患者の率も、70年代の2・5％から、現在は4～4・5％に増えている。

■求む・セクシー主婦

主婦と料理の話に戻ろう。

共働きしなくては家計を維持できないのは、今やヨーロッパ各国共通の現象である。核家族化が進み、親が時間をかけて料理を教えてくれる家が少なくなっているのも、先進国共通の事実である。

主婦が社会環境に応じた生活スタイルを実践するのに、異議を唱えるつもりはない。

それに「日本でも、まともに魚を下ろせないコムスメが増えているのに、ナニを言う?」とイタリア人に反論されれば、それまでである。

しかし、いちばん理想的な食生活を実践しているイメージのあるイタリアから、「うまいもの」「手をかけたもの」が消えつつある。そればかりかヨーロッパの中でも指折りの不健康国民になりつつあることは事実なのだ。

それより個人的にもうひとつ困るのは、東京の雑誌編集部からのリクエストである。

「イタリアの料理が上手な、専業主婦のマンマを、インタビューしてください」

というやつだ。

「そのうえ、若くて美人だといいんですが」ときたもんだ。

「現代のソフィア・ローレン」の呼び声高い女優モニカ・ベルッチのようなセクシー主婦は、もはや絶滅危惧種である。

それに、そんな主婦がいたら、仕事なんかより先にお友達になりたいではないか。

自分のワインは自分で作れ！

■甘い誘いの裏には

毎年11月になると、日本はボージョレー・ヌーヴォーで盛り上がる。

いっぽうイタリアでは、新作ワインのことを『ヴィーノ・ノヴェッロ』という。

この季節、ワインの出来を楽しむための、またときにはそれを口実にした?お祭りが、町内会や田舎の村で目白押しだ。

それ以前、秋口になると、どこからともなく「週末はウチにいらっしゃい」という声がかかるようになる。

しかし、喜んでホイホイ行ってはいけない。

たいていそういう甘い誘いの裏には、ブドウ狩りの過酷な手伝いが待っているのである。

なにしろ我が家の北には、世界のワイン・ファンを唸らせるキャンティ地方が控えているのだ。

■X-TRAILでウキウキ

ボクの友人にも自家製ワインを造っている人は多い。

手伝い以前に困るのは、多くの場合、彼らの畑は自宅と別の田舎に点在していることだ。

さらに未舗装路の果て、ということが少なくない。

小学生時代から、リュックに充満する弁当の海苔の香り以前に、遠足嫌いだったボクである。考えるだけで、出掛けるのがイヤになるのだ。

そんな季節、ちょうどCGのカーナビ専門誌『カーナビの達人』で輸出仕様のナビを取材するため、日産X-TRAILを借りていた。

これはいい。おかげで、毎年ついつい憂鬱になる友人宅のブドウ狩りの手伝いも、今年は「いっちょやるか」という気になった。

■ワイン畑の田園調布

知りあいのコッペおじさんも、自家製ワインを作っている。保険代理店を数年前に定年退職した、穏やかな紳士だ。

それも畑があるのは、キャンティ・クラッシコ地方である。

今やご存知の方も多いと思うが、念のため説明しておくと、『キャンティ』とは、メーカーの名前ではない。トスカーナのキャンティ地方で、イタリア農業省が定めた伝統的手法に沿って作られたワインをそう呼ぶ。

その中で、さらに古く900年にわたってワインが造られている地方、およびそこで造られたワインを『キャンティ・クラッシコ』と称する。

いわばワイン畑の田園調布のようなところである。

左がコッペ氏。できたワインは毎年、農業試験場でチェックしてもらう気合いの入れよう。

■体はベトベト、足はガクガク

それだけに、コッペおじさんの畑で採れたぶどうは、近隣のワイナリーからも引き合いがあるという。

そんなおじさんの畑にX-TRAILで行き、ぶどう狩りとワインづくりを手伝わせてもらった。

まずは剪定鋏を使って見よう見まねでぶどうを枝から切り離す。これは思ったよりも簡単である。

しかし「腐ってたり、鳥がついばんだりした実は、丁寧に落とすべし」とコッペおじさんは、ボクに指導した。

やがて、採っているときに弾ける実の果汁で、昼ごはんを食べる頃には体中ベトベトになっていた。

足場の悪い傾斜地で作業をしていたため、足もガクガクだ。

■ムラーノ・デビュー急遽中止？

ところで案の定、昼のパスタを食べ終わってから、X-TRAILはコッペさんの仲間たちの注目の的となった。

ボクがジマンしたかった12ヵ国の地図が入ったDVDナビよりも、『保温・保冷機能付きドリンクホルダー』のほうがウケていたのは可笑しかった。

いっぽうで明るい色のカーゴスペースは、いくら「ウォッシャブルだから」とこのクルマの売りを説明しても、「こりゃキッタナイ長靴積めん。ロシア製四駆の無骨な内装のほうが気兼ねないぜ」と敬遠されてしまった。

借り物のクルマでなければ、ガマの油の口上の如く泥だらけにしてから、ボードを取り外してジャバジャバ洗ってみせたのだが……。

しかしその日以来、ボクの周りにはちょっとした異変が起きた。

毎夕のバールで、みんなとエスプレッソを飲んだあと、今までごちそうしてくれた相手も、自然と割り勘が多くなってしまったのである。

そう、テラノ然り、日産のオフローダーは、イタリアでは限りなくプレミアム・ブランドに近いのだ。

数日とはいえX-TRAILを乗り回していたボクは、街のみんなから急に羽振りが良くなったと思われたのであろう。

休日の経験までネタにして、この原稿をあくせく書いていることなど、誰も知らない。

実は次は、名産・ポルチーニきのこ狩りに黄金色のムラーノを借用してデビューしようかと思っていた。だが、そんなことしようものなら、採れなくても従来のようにお裾分けなどしてくれなくなることは、火を見るより明らかである。

■ワインがささやく

ぶどう狩りにハナシを戻そう。

午後は、採れた実を電動の破砕機にかけてつぶす。若い娘ならいざ知らず、おじさんが実を足で踏んづけるのかと思っていたボクは、内心ホッとした。

これまた、弾ける果汁で頭のてっぺんから足の先までベトベトになった。

そして、破砕してできた果汁を果皮と一緒に桶に入れて一次発酵させる。酵母は入れない。自然発酵である。ちなみに、ここで色素をもった果皮を入れなければ、白ワインになる。

コッぺさんが1週間前摘んで作った果汁が入った桶のフタを取ると、「プップップッ」と、今まさに発酵している音が聴こえてきた。ワインの誕生である。イタリア人は、これを「ワインがささやき始めた」という、粋な表現をする。

あれだけ手伝いを嫌がっていたボクだが、今日自分の摘んだぶどうが、まもなくささやき始めるのかと思うと、やはり心動かされる。

この音を知らずして、東京のレストランでカノジョと「今年のキャンティ、イケるね」などとカッコつけてはいけない。

……いやコレは、もはや若いオンナを誘う自信がなくなったボクのヒガミか……。

邪道スパゲッティの誘惑

■実は本場にないアレ

その昔日本で、安レストランのテーブルというと、必ずおつまみ用ピーナッツと星座占いの自動販売機が置いてあったものだ。

それらが絶滅して久しいが、いまだ健在なものがある。

スパゲッティを注文したとき出てくる、タバスコと緑の筒に入ったパルメザンチーズだ。

ただし、このビッグコンビ、本国イタリアではまずお目にかかることはない。

タバスコは、戦後の日本にイタリア料理がアメリカ経由で入ってきたことと関係あるらしい。彼の地で使われていたものが、そのまま入り込んできたのだ。

イタリアでは、辛くしたければソースにトウガラシを混ぜる。こちらのトウガラシはよく効く。住み始めた当初、日本のつもりで大量に入れて、大変なことになったことがある。

パルメザンチーズにしても、イタリアではすでに削ってあるものではなく、チーズの塊を下ろし金でガリガリ削るのが一般的だ。

日本でちょいと洒落たイタリア料理店でやっているアレを、家庭でもいちいち実践しているのである。チーズは頻繁に買わなくてはいけないが、香り、風味とも段違いにいい。

悲しむべきは、これだけボクが「本国にない」と言っているのに、埼玉にある女房の実

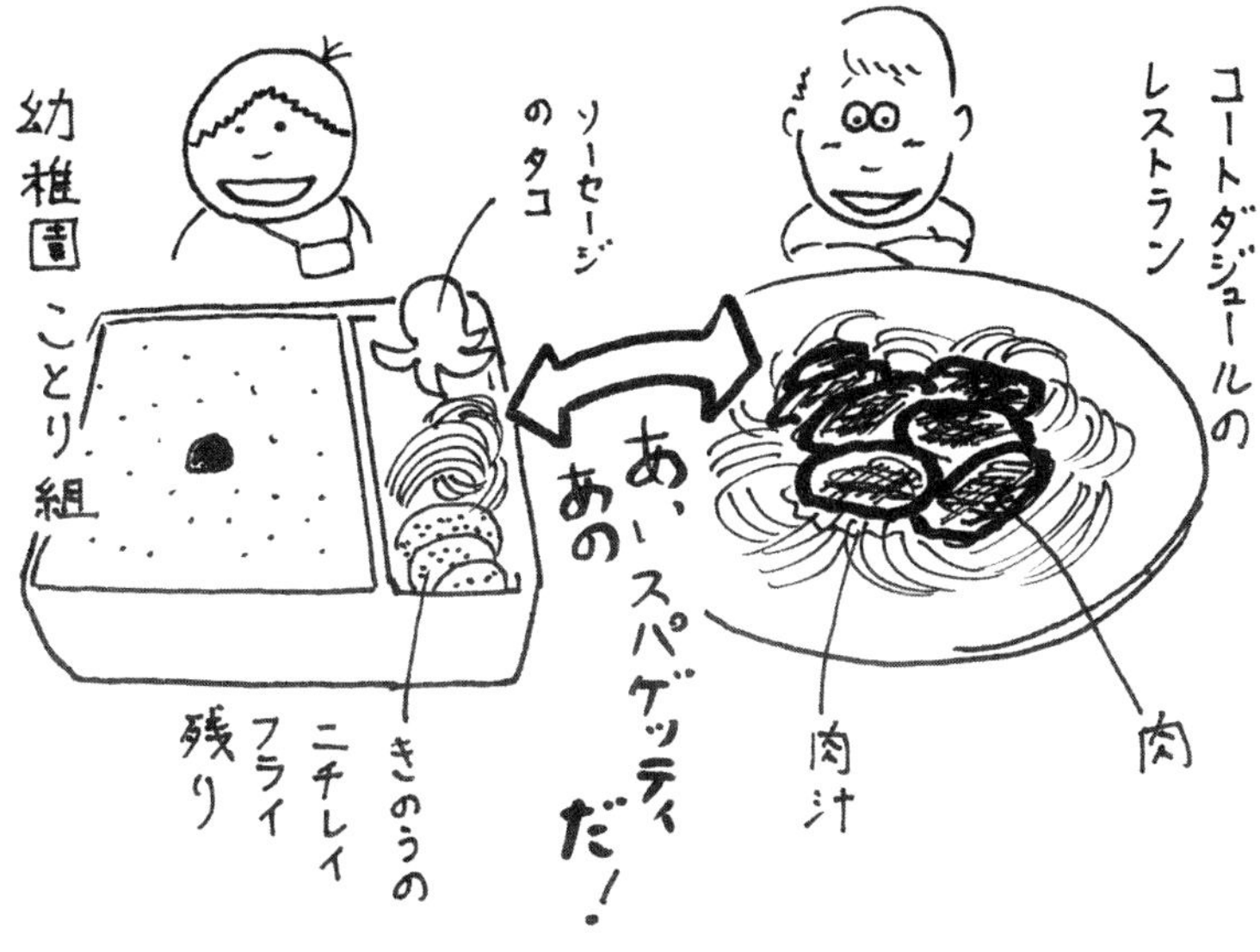

家ではスパゲッティとともにタバスコと粉パルメザンが、ちゃぶ台に並ぶことである。

■まずいスパゲッティ

イタリアでは、スパゲッティはフォークだけで食べる。スプーンは使わない。

それはさておき、イタリア人が嫌う外国人のスパゲッティの食べ方というのがある。スパゲッティをナイフで刻んでから食べることである。

麺の長さ、そしてそれをクルクルやって束ねたときの弾力も味のうちだからだ。

なぜかそれを実行するのはイギリス人が多く、周囲のイタリア人は眉をひそめている。

まあ、数年前にイタリアのテレビでは、ビスケットを〝渡し箸〟するＴＶＣＦが堂々と放映されていたのを考えると、イタリア人もヒトのことは言えないが。

ところで、たとえいいオヤジでもイタリア男の誰もが「世界一」と言ってはばからないのが、マンマ（母親）のパスタとソースである。

対して、イタリア人の誰もが「ひでえ」と口々に言うパスタもある。

特急ユーロスターの食堂車のパスタだ。

白いテーブルクロスに花瓶が置かれたテーブル。そしてパリッとした服装をしたウェイターなどというのは、もはや映画の中の話。今や多くのメニューは、〝レンジでチン〟だ。したがって、それをうまいなどというのは、噴飯ものなのである。

アウトストラーダのアウトグリル（食堂）のパスタのほうが、まだちゃんと伝統的な方法で茹でているだけマシである。

■下敷きパスタ

隣国におけるパスタ料理も、イタリア人にとって満足のいくものではない。

アルデンテ（歯ごたえのある固さ）という言葉とは無縁なくらい、グデングデンに茹でるからだ。

そのうえ多くの場合、スパゲッティをはじめとするパスタはプリモピアット（第1の皿）ではない。メインディッシュの付け合わせや、ときには下敷きになっているのである。

実際、ボクもそういう虐待されたスパゲッティに、とくにフランスで遭遇する。

しかし、だ。実はあるとき意外なことに気づいた。

そうしたパスタは、上に載っている肉や魚の汁がしみている。茹で過ぎゆえ、さらに風味をよく吸っている。

それが、なかなかうまいのだ。

今や、パスタの本場に住んでいながらも、あの邪道な下敷きパスタがたまらなく食べたくなるときがある。

ふと思い出したのは、子供の頃、弁当箱の脇に入っていたスパゲッティだ。

のびた上に、隣の豚カツから流れたブルドック中濃ソースの味がしみていたが、あのフュージョン感覚は独特だった。

フランスの下敷きスパゲッティには弁当の幻影があり、たまらないノスタルジーが秘められている。

日頃、タバスコ&筒パルメザンを嘆き、日本の婦女子の前で「イタリアじゃアルデンテが基本ざんす」とか言ってスカしているのに、実はそんな邪道スパゲッティがたまらなく好きとは。自己矛盾に悩んでいる。

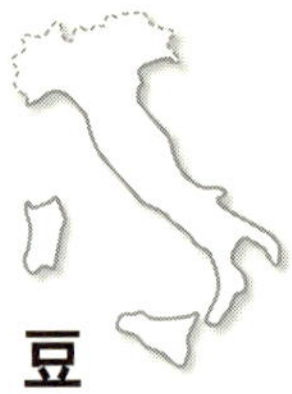

豆乳ソムリエ

地中海式ヘルシー食生活のイメージがあるイタリアだが、現実は違う。最新データでも、6歳から17歳の男子で26%、女子で21%が肥満という。欧州の中でもワースト1である。スナック菓子やファストフードの増加、不規則な生活など、さまざまな理由が推測されている。

そんなイタリアである。健康食に関心が寄せられている。この国の主食・パスタも、小麦ではなくお米で作ったものが、それも大手メーカーから数年前に発売された。

「じゃ、ビーフン食べてればいいじゃん」と言いたいところだが、こちらは太さがスパゲッティ規格になっているところがミソだ。

豆乳も、いろいろなメーカーから発売されるようになってきた。

実は牛乳が苦手で、小学校卒業と同時に別れを告げたボクだが、豆乳はOKだ。そこで『イタリアン豆乳』を購入してみることにした。

ところが、どうもいけない。慣れないモノを口にしたがらないイタリア人相手にウケを狙ったのだろう。砂糖を入れて、トロ～ンと甘くしてあるのだ。

数々の豆乳を求めてソムリエのごとく彷徨したあげく、ようやく美味かつ砂糖なしの商品を発見した。だが有名ブランド製であることが判明。健康になるには、おカネがかかる。

いっぽう健康意識が高まっても、イタリアであまり見ないものがある。

トマトジュースだ。

生トマトがおいしい国。ジュースなんかに加工するのは邪道なのだろう。

だから日本に行ったとき、浴びるように飲むのを楽しみにしていた。

ところが、日本のトマトジュースも変わってきて、もはや無塩は当たり前。フルーツや黒酢を入れたりと、知らない間にバリエーションが増えている。

そういうニューウェーブ・トマジュースについてゆけないボクが、今日唯一嬉しいのは、欧州系航空会社が機内食に載せているトマトジュースだ。

昔ながらの激・濃さ。そこにさらに塩胡椒をパラパラ入れ、マドラーでグルグルかき回してからグイッと飲む。

子供時代に飲んだ、ひとクセある古典的トマトジュースが、そこにある。

でも、ボクはホントに健康志向なのだろうか？

茹で過ぎパスタvs小洒落たソース

■ひと括りは無謀だ！

日本の自動車誌で「ラテン車特集」と称して、イタリア車とフランス車を一気に紹介していることがある。

しかしボクの知り合いの両国民を見る限り、この2国を簡単に括るのは難しいと思う。一般的に、イタリア人のフランス人に抱く印象は良くない。カッコ内は発言した人物と、ボクの感想もしくは同情である。

・たとえ伊語がわかるフランス人でも、自国語で押し通す
（事務職。聞くと話すじゃ違うから仕方ないだろう。それに「事件発生」場所はフランス）
・自国の料理が一番と信じて疑わない
（主婦。イタリア人も結構同じだと思う）
・フランス料理の小洒落たソースが嫌いだ
（おじさん。イタリア人は概してクリーム系がダメである）
・フランス人の作るパスタは茹ですぎだ
（知り合いのおばさん。これは正しい。ボクもパリでラザニアを食べて最悪な思いをし

たことがある）

わが女房などは、パリの料理教室で覚えた料理を試そうと、近所のエルシーリアおばちゃんの精肉店に赴いたところ、「仏料理に使うなら、ウチの肉売らないヨ」と販売拒否に遭ったそうだ。もちろん冗談だが。

いっぽう、ボクの知るフランス人が語るイタリア観というと、

・泥棒が多い

（商店主。ボクが住むトスカーナでは、ちょっとの外出なら鍵をかけない、のどかな田舎もあるのに）

・イタリア料理など料理ではない

（シェフ。手の込んだ仏料理からすると、たしかにイタリアのメインの多くは、焼いて塩胡椒、オリーブオイルをぶっかけただけか）

・やたらジェスチャーと声がデカい

（教師。まあ、これは許してあげてよ）

……こんな感じで、どうもお互い仲が良くない。

■フランス車は外車に非ず

クルマの世界の「2国関係」はどうか。まずイタリア。

イタリア人はフランス車が好きなのだ。

といっても、往年ラリーで活躍したアルピーヌや、特異な機構をもつ古いシトロエンを

除いて、趣味の対象としてではない。日頃の足としてである。

数字を見ると明らかだ。2006年のイタリア新車登録台数で、フランス車のシェアは15・07%。これは国産フィアットの23・4%に迫る数字である。つまり、10台に1台以上はフランス車ということになる。

今日フランス車を購入するイタリア人は、装備を考えると安く、オープンになるハードトップなど、スタイリッシュな車種が豊富であることに魅力を感じている。そう、痛いことに今のイタリア車に不足しているものが、フランス車にあるのである。

さらにルノー4、シトロエン・ディアーヌなど仏製大衆車が早くから輸入されていたおかげで「外車」意識がない。

だからたとえフランス人が苦手でも、フランス車には喜んで乗るのだ。

ちなみに「おフランスざんす」と言った異国情緒は介在しない。ベレー帽をかぶり、イヴ・モンタンを聴きながらフランス車に乗っているイタリア人には会ったことがない。

■イタ車好きフランス人

いっぽうフランスの状況は、これまたちょっと違う。

外国車であるフランス車が売れているイタリアと違い、新車販売トップ10を見ると、イタリア車はフィアット・プントが稀に姿を現す程度。圧倒的に自国車が多い。

しかし驚くのは、フランスにおける車好きのイベントである。

必ずイタリア車愛好会のスタンドがあって、自動車のエレガンス・コンクールでは、

「イタリアンレッド――フェラーリの部」なんていう部門が設定される。F1もルノーと同じくらいフェラーリ・ファンがいる。

フランス人のクルマ好きには、イタリア車ファンが多いのだ。

その理由は？ あるイベントで「フランス・フィアット愛好会」というのを見つけとき、会長に「みなさん、イタリア人嫌いですよねえ」と聞いてみた。すると彼曰く、「なんだかんだ言っても、根は同じラテンさ。食べるのが好き、ワイン飲むのが好き」と答えてくれた。

そしてこう付け加えた。「お互い女を愛でるのも好きだしね」

■生まれ変わるしかない

とっつきにくい国のクルマでも、価格対装備で選ぶイタリアの「割り切りラテン」。泥棒が多そうでも、クルマへの純粋な思いから選ぶフランスの「イメージ・ラテン」。やはり「ラテン」をひと括りにするのは無理だ。

なんと複雑なノリ！ これを理解するには、ボクも生まれ変わって、イタリア人かフランス人になるしかない。

モンテゼーモロ農園の若女将

■なにやら気になるワイナリー

イタリア北部のクーネオ県は、トリノの南に位置する。

秋ともなると、ここをウィンドーを閉めきって走るのは惜しい。圧搾したばかりのブドウの絞りかすが、あちこちで濃厚な香りを発散させているからだ。

一帯は、ワインの名産地なのである。とくに県内のランゲ地方は、イタリア屈指の名ワインでDOCG（保証付き原産地統制呼称）のお墨付きももらっているバローロの産地だ。

おすすめのワイナリーを聞き出すべく、ラ・モッラという小さな村の観光案内所を訪ねたが、ちょうど昼休み中だった。待っている間、聞こえてくるのは、遠くのトラクターのエンジン音だけ。限りなくのどかな地だ。

1時間くらいすると、ようやくひとりのおじさんがカウンターに現れた。

彼いわく、「それなら、コルデーロ・ディ・モンテゼーモロあたり、どうヨ」

なぬ！フィアット会長と同じ名前だ。マリオ・ロッシ（イタリアにおける山田太郎である）などと違い、そうそうお目にかかれる苗字ではない。

なにやら面白そうだ。ボクは、おじさんに前もって農園に電話してもらってから、所在地のメモを頼りに山道を辿った。

エレナ・コルデーロ・ディ・モンテゼーモロ嬢とバローロワイン。充分に味わうには極上の肉を奮発せよ。

モンテゼーモロのワイン蔵。樽は厳選されたフランス製を使用。

■フェラーリ会長の親戚

やがて見晴らしのいい丘陵の中に、お目当ての農園は現れた。迎えてくれたのは、若い女性だった。差し出された名刺を見て驚いた。エレナという彼女も、苗字はＣｏｒｄｅｒｏ ｄｉ Ｍｏｎｔｅｚｅｍｏｌｏである。

「小学校でテストのとき、名前書くのに人より時間がかかって、悔しくなかったですか？」などという、くだらん質問も思いついたが、まずは念のため、フィアットのルカ（コルデーロ・ディ・モンテゼーモロ）との関係について尋ねる。

するとエレナは「ルカは親戚ですよ」と即座に教えてくれた。彼女の父親がルカの従弟なのだという。もっと詳しくいうと、彼女のおじいさんの兄弟（大伯父）の子供がルカなのだそうだ。

コルデーロ・ディ・モンテゼーモロ家は13代続く家系で、この農園は彼女のおじいさんが、中世に起源を遡る農園を１９２０年に手に入れたのが始まりという。

ワイナリーは現在エレナの父親とその兄弟が２人で経営にあたっている。しかし、テイスティングのレセプションは事実上彼女の仕事だ。いわば若女将である。

■意外にマメなオジサン？

客用に造られたウッドデッキから、農園を見渡す。

広さは28ヘクタール。日本流に東京ドームと比較してみたら、５・５個分である。

農園では前述のバローロをはじめ、発泡性のものまで数タイプのワインを製造している。

エレナは言う。

「モンテゼーモロ家では、ときおり一族の大集会を開きます。去年トスカーナで催したとき、ルカも来ましたよ」

フィアット会長、フェラーリ会長、イタリア経済連盟会長、と3つの大役を独りでこなす〝イタリアで一番多忙な男〟が、親族の集まりにちゃんと顔を出すとは！

家族の絆強きイタリアといえばそれまでだが、ルカはああ見えて意外に気配りオジサンなのかもしれない。

ところでエレナの愛車は、日常の足と割り切って乗っている3代目ゴルフである。イタリアでは、名家ほどギンギラな生活はせず、質素を善しとする。彼女のクルマはまさにそれである。そして、これまた本当のところは不明だが、一族にフィアット系を無理やり買わせないところも、好漢ルカらしいじゃないか。

ちなみに、ボクが訪れたときは収穫の真っ盛りで、みんな猫の手も借りたい状態だった。ヘタをすれば、ボクもブドウ摘みをさせられていたかもしれない。

にもかかわらず応対してくれたことに礼を言うと、エレナは、

「私もこの時期はブドウ摘みを手伝わされるから『試験があるの』とかウソついて逃げてるんですぅ」と言ってお茶目に笑った。

エレナのもうひとつの顔は、経済学部に通う学生だったのである。がんばれ女子大生若女将！

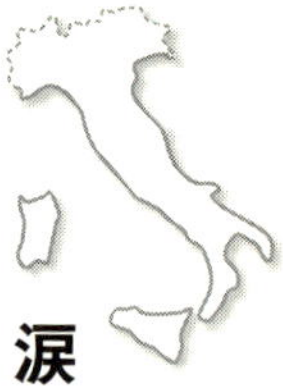

涙の寿司プロジェクト

AM9時30分
それは一本の電話から始まった。

電話の向こうの声は、料理教室を主宰している友人・レラ女史だった。

「今夜、町内会で30人分の日本食を作りたいので、電話でいいからアドバイスを頼む」

あまりにも唐突な要請だった。

AM11時
電話で「ああせい、こうせい」と教えたものの、ふと考えると、レラは日本料理の味さえ知らない。このままだと、とんでもないモノが出来上がる恐れがある。

心配になった女房マリは、我が家から徒歩15分の料理教室へと走った。

真剣な討論の末、「にぎり寿司、海苔巻、豚汁、天ぷら、白玉のデザート」という献立が決まる。

買い出しもレラに任せると、とんでもない食材を買ってくる恐れあり。

結局ボクと女房は買い出しも引き受けた。

8年落ちのマイカーで、街に1軒のアジア食料品店へ向かう。そして食材を購入後、レ

日伊合作の寿司。

一番手前の皿、奇妙な丸い握りがイタリア人によるもの。

ラのところに届けて帰宅した。

PM5時
しかし、これにて一件落着というほど、甘くはなかった。

「料理は一人で出来る」と言ったものの、不安に駆られたのだろう。案の定レラからSOSの電話が入ったのだ。

仕方がないので、女房とボクは町内会館の厨房に駆けつけることになった。

案の定、何一つ手順が進行していない。

「これじゃ間に合わないぞ！」助っ人のおばさん達にも、わが女房の檄が飛ぶ。

PM6時
明日からの出張の準備もそこそこに、ボクも白玉団子を作らされることになった。

こんな姿、元いた会社（二玄社）の人には見せられない。

最初は怒りがこみ上げたが、気がつけば、生まれて初めての団子作りに、いつしか男の魂を込めていた。

ＰＭ８時
町内会員が不安そうに見守る中、女房が天つゆ、豚汁の味付け確認。
隣ではレラが天ぷらの最終段階に入る。「よし、これでいい！　さあ、盛り付けだ！」

ＰＭ８時30分
イタリア人チームの作品〝妙に丸い寿司〟プラス、ボクと女房の職人寿司。そしてレラ初挑戦の海苔巻。
なんとか間に合った！

ボクと女房は、町内会員の安堵の溜息を背中に感じながらそっと厨房を後にした。
「楽しい宴をな……」　ボクはそうつぶやいて物書きに戻った。
「もっと早く言えよ、レラ！」　女房はしばらく寿司は見たくないという。
国籍を超えたプロジェクト〝日本料理ゼロからの挑戦〟は、こうして幕を閉じた。
後日、「すっごく評判良かったのよ。またよろしくね！」とレラからの電話が入った。
どこまでも懲りないイタリア人に、怒る気力さえ失う二人であった。

第3章

動いてわかった、イタリアのびっくり交通事情

イタリアのガレージは生ハム・サラミ・ワイン置き場でもある

イタリアは、住民100人あたりの自動車保有台数が58台と、ヨーロッパの中でもナンバーワンだ。人々は馬小屋にクルマを押し込み、吹けば飛ぶような標識を見ながら走っている。タクシー運転手を始めるには、家一軒買えるくらいの開業資金が必要とか……そんなことを考えながらロータリーをグルグル回っていたら、突如目前にとんでもないものが！　一瞬たりとも気が抜けない、イタリア交通のマンマミーア！

世界遺産のガレージ

■超絶技巧的車庫

作曲家、リストの作品の中に『超絶技巧練習曲』というピアニスト泣かせの曲がある。それに対して、車庫入れの『超絶技巧』が要求されるのは、わが街シエナだろう。旧市街の建物は、多くが中世に造られた煉瓦造りである。その一角にある車庫の間口が、やたら狭いのだ。

たとえば、ご近所のパオロさんのガレージの場合、間口はたった1・8mである。そのうえ、出たところにある道の幅も狭い。

近隣住民からの不審げな目を感じながら巻尺で実測してみたところ、住宅街の道幅はほとんどが5m前後だった。

ドライバーなら誰でも知っているように、車庫入れにはクルマのサイズ以上の前後左右スペースが必要である。自家製ワインの入れ物が置いてあったり、生ハムが吊るしてあったりすると、さらに狭くなってしまう。

したがって、日本でも人気があったアルファ156は全長×全幅が4・44×1・74mと、クルマ自体は極端に大きいわけではないが、前述の環境ではアウト！だ。

■間口拡大はNG

「手っ取り早く間口を広げたら?」と考えるのは早計である。

ワケは簡単。許可が下りないのだ。

イタリアではたとえ持ち家であっても、古い建物の改造には小窓ひとつ開けるにも市の許可が要る。建築家や有識者で構成される委員会にかけられるのである。

そこでは強度など構造的問題と同時に、歴史的景観を壊さないかということが慎重に検討される。

シエナのようにユネスコ世界遺産に指定されていたりすると、景観を保護したい市としては、より慎重になる。

そこにイタリア人も認める(というか諦めている)お役所ペースが加わる。

実際、自動ドアを付ける許可を2年待っている商店や、明かり取りひとつ開けるのに3年待機している家を知っている。

だから、「デカいクルマを入れたい」という、仕事や生活環境に直接かかわらぬ個人的要求は、到底ムリな望みなのである。

■解決法は……

じゃあどうしているか?というと、答えはひとつ。

「車庫に入る小さいクルマ」にする。

その定番は戦後イタリアを代表する国民車フィアット・チンクエチェントである。全長×全幅は僅か2・97×1・32ｍ（年式により若干の違いあり）しかない。旧型フィアット・パンダもうまく収まっている。

現行車種では日本製軽自動車（欧州仕様は排気量を拡大してある）や一部韓国車も、全幅が狭いことから人気がある。

こうしたクルマたちを見ると、「全幅1・5ｍ内に収まる」というのが共通点である。

■初めに馬ありき

それでも、やはり往来するクルマや、目の前に路上駐車されてしまったクルマに注意しながらの車庫入れは大変だ。

なかには友人の観光ガイド、ルチアのように「壁に擦るのは不可避」と腹をくくって、先代日産ミクラ（日本名マーチ）の側面に毎日1往復ずつ傷を増やしている人間もいる。しかし、大方のドライバーはなんとか擦過痕をつけることなく入れてしまうのだから恐れ入る。

それにしても歴史都市のガレージの間口は、なんでこんなに狭いのか？

その理由は、わが家から歩いて3分のところにあるマリオ氏のガレージを訪ねたときに判明した。

「ここは1930年代まで駅馬車の発着所だったんだよ」

聞けば、20㎞離れた南郊の村まで毎日朝夕1便、人や荷物を載せた定期便がここから出ていたのだという。

シエナ旧市街のガレージの多くは、もともと小さな馬小屋。

間違ってもマイバッハなんか買っちゃあいけません。

駅馬車というと、なにか映画の世界しか想像できないが、僅か70年ちょっと前まで実際あったのだ。

そして「この街のほとんどのガレージは、馬小屋を転用したものだよ」と教えてくれた。事実、煉瓦でできた飼葉桶が今も片隅に残っている車庫もあるという。

なるほど間口は狭いが、天地がそこそこあるのは、馬仕様だったからか。

「路面電車の左右車輪の幅は、古代ローマの馬車の轍と一致する」という説を唱える人がいるほど、ヨーロッパの交通環境は馬と密なつながりがある。

ご近所の車庫を訪ねることで、その「初めに馬ありき」を改めて認識したのだった。


ところで、我が家のフィアット製8年落ち家族車にはガレージがない。5分ほど歩いたところにある広い街路に路上駐車している。

自分が寝る家の家賃を払うのさえ大変な我が家に、とても車庫を借りる余裕などない。

そんなことを知らぬ近所の人は「ガレージでも借りれば」と呑気なことを言う。それに対してボクは、「ウチのフェラーリは全幅が2m近くありましてね。入るガレージが見つからないから路上駐車してるんです」と答えることにしている。

「じゃあ見せろ」と突っ込まれたときは、「今は女房を八百屋さんまで使いに行かせてるので、ダメです」とかわしている。

そのたび相手にウケるのは嬉しいのだが、ふと考えてみると、本気にして大きな車庫を捜してくれた人は今日まで皆無である。

ロータリーに戦々恐々

■突然、軒先に

イタリアやフランスをクルマで走っていて気づくのは、ロータリーの多さである。どちらの国でも、ちょっと交通量が増えた交差点があると、すぐロータリーに改造してしまう。

以前郊外に住んでいたときである。わが家の近くにT字路があった。出会い頭の衝突事故の頻繁さに当局が手を焼いたのだろう。ある日突然ロータリーにする工事が始まった。

ロータリーの直径は予想よりも大きかった。おかげで出来上がってみると、わが家の軒先をクルマがグルグルまわるようになっていた。

幸いその直後に我が家は引っ越しをすることになった。住み続けていたら、「あッ、こんなとこに日本人が住んでる」などと気をとられるドライバーがいて危なかったろうから、交通安全のためにも良かったのでは？と思っている。

■逆走3輪トラックと鉢合わせ

ロータリーの大原則は、「これから入るクルマよりも、中をグルグルまわっているクルマが優先」「一度入ったら、中では止まってはいけない」ということである。

近年では海外ドライブ用の旅行ガイドブックで、ロータリーにおける各クルマの優先順位、進入方法、そして抜け方が丁寧に解説されている。

ところがどっこい、実際はなかなか手ごわい。路上ではさまざまな変則ロータリーが待ち構えているのである。

まずは、〝グルグル〟の中に、いきなり、「止まれ」や「ゆずれ」の標識が立っていることがある。

ロータリーに幹線道路が掛かっていたりすると、交通を円滑にするため、優先順位を変えてしまうのである。

こうしたロータリーでは、自分が幹線側を走っていても恐い。なぜなら、てっきり普通のロータリーと信じ込んだドライバーが、脇腹を刺すごとく突っ込んでくるからである。

工事中のロータリーも要注意だ。いつものロータリーの中に突然「止まれ」マークが立てられたり、単なる交差点に変えられたりしてしまうのである。

できたばかりのロータリーも恐い。右側通行の場合、ロータリーは反時計回りだ。ということは、十字路だった時代には単純に90度直角に左折すればよかったところを、ロータリーができてからはグルッと270度円に沿って回る必要がある。

で、何が恐かったというと、ある完成直後のロータリーで、おじいさんが乗った50ccの3輪トラックがロータリーを逆走してきたのだ。

パワーがない3輪ゆえグルッと回るのが億劫だったのか、それとも「ロータリーができようと、オレはオレの道を行くぜ」と呟いていたのかは知らないが、本当にヒヤッとした。

■自慢の記憶力も、たじたじ

一般のロータリーとは違う、いわば簡易型もある。路上を僅かに盛り上げ、塗料で円を描いただけのものだ。

したがって気をつけないと、普通の十字路と勘違いして左折すると、直進車とぶつかってしまう恐れがある。

そもそも、ロータリーの手前にある標識の読み取りにもなかなかの瞬発力を要する。写真のように、走行中のクルマから真剣に読解を試みたら、かえって気が逸れて危険な標識すらあるのだ。

そうかといって、停車させてじっくり見ようと路肩に寄ったら、道を狭めてこれまた危ない。そして、たとえ一旦見ても、人間の記憶力には限界がある。

伝説の双子歌手『ザ・ピーナッツ』のどちらにホクロがあったか今も記憶している筆者でも、このクルクル4連発はさすがに覚えられない。

■これでもか、といわんばかりに

思えば子供の頃、「国立《くにたち》や田園調布はカッコいい・そういう街には駅前にロータリ

驚異の4連クルクルのあとに交差点。もはや記憶力ゲームの領域である。

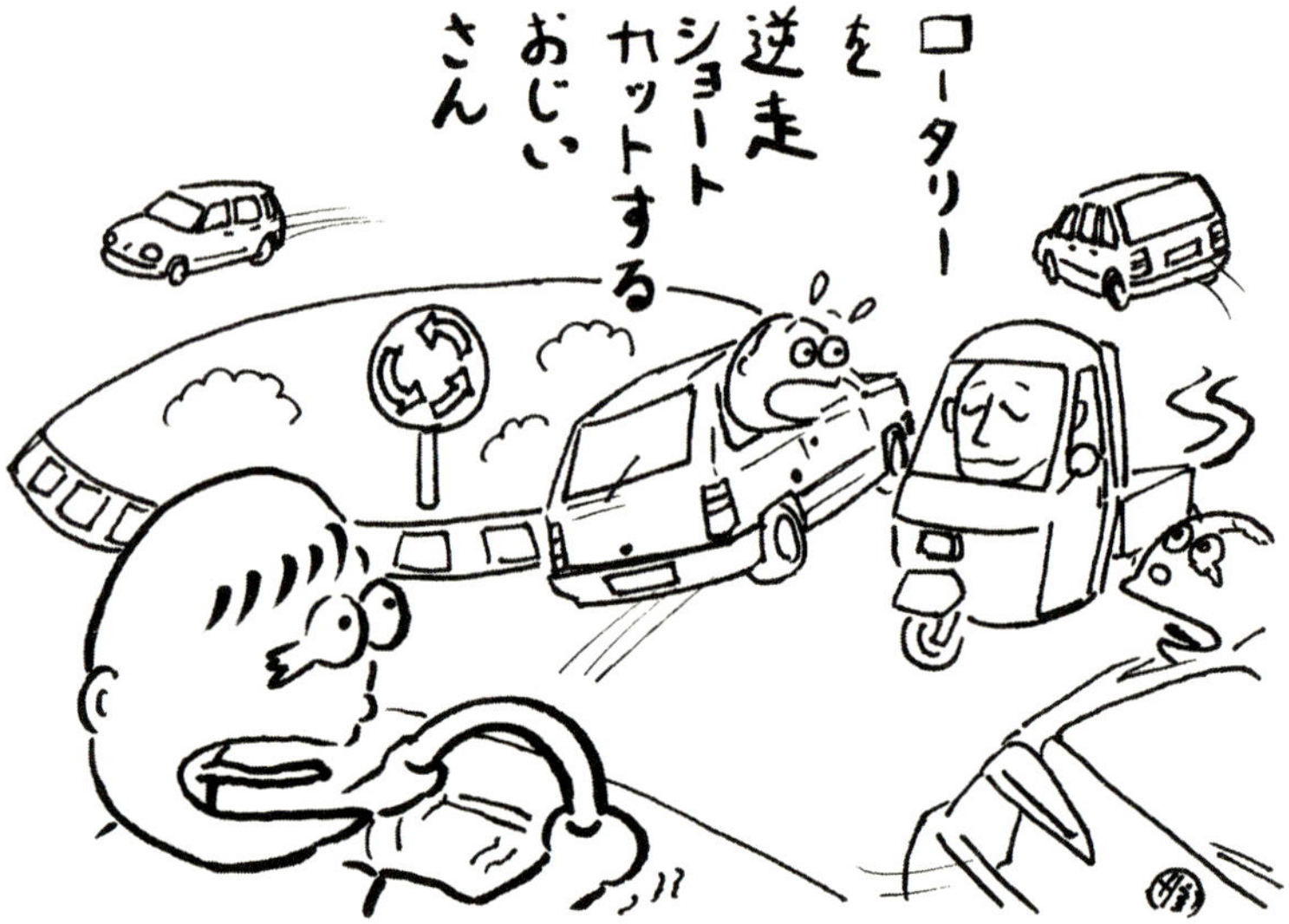
ロータリーを逆走ショートカットするおじいさん

ーがある・だからロータリーはカッコいい」という恐るべき三段論法でロータリーに憧憬の念を抱いていた。そして駅前にタバコ屋と小さなスーパーしかない町に生まれた不幸を嘆いたものだ。

それがどうだ。今や恐るべき数の変則ロータリーと難解な標識に毎日苦しめられている。

「どうだ、これでもか！」という天の声さえ聞こえてくるのだ。

反則金が払えるタバコ店

■税金は出力だ！

イタリアでは、自動車税はエンジン出力をもとに計算される。

詳しくいうと、キロワットあたりの税金が設定されているのだ。

金額は州ごとに毎年決められ、ボクが住むトスカーナ州の場合、２００６年はキロワットあたり２・58ユーロであった。

単位あたり計算で、頻繁に値段が変わるとは、まるで魚や野菜のようである。

この算定方法を、日本の排気量区分による体系と比較してみるとどうなるか。

たとえば初代フィアット・パンダ１１００cc40kwの場合、日本だと３万４５００円なのに対し、イタリアでは１０３・２ユーロ（約１万５０００円）である。つまりイタリアは半分以下となる。いっぽう、３リッター１６８kwのアルファ１６６は、日本では５万１０００円なのに対し、イタリアは４１７・96ユーロ（約６万２０００円）と逆転する。

イタリア式キロワット計算が描くグラフカーブは、「小さいクルマは安く、大きなクルマはより高く」の率が、日本式税率より大きい。無理な背伸びをして高級車に乗るイタリア人が少ないのは、彼らの生活センス以上にこうした実情もある。

もうひとつ、日本と違うことがある。日本では、平成13年度以降に新規登録後13年を超えたガソリン車（ディーゼル車は10年）は「環境負荷が大きい」として税金が重課される。いっぽうイタリアでは、古いクルマに甘いといえる。たとえばトスカーナ州の場合、20年以上30年以下のクルマの自動車税は低い率が適用され、31年めからは所定の基準に適合していれば無料となるのだ。

■「タバッキ」という選択

日本では自動車税の納税期限が一律に5月末であるのに対し、イタリアはクルマを購入した月が基準となる。

ところでイタリアで自動車税は、自分が住む町にあるイタリア自動車クラブ（ＡＣＩ）の事務所に行って支払うのが一般的である。また、郵便局からも振り込むことができる。ただし、いずれの窓口も長蛇の列の代名詞のようなところである。さらにＡＣＩの窓口の午後営業は、街によっては週２日ほどだったりして、まったくもって不便だ。

そんな思いは、イタリア人にもあったのだろう。ようやく１９９９年から、街角のタバコ屋さんでも払えるようになった。

イタリアでタバコ店はタバッキと呼ばれている。人々の生活に最も身近な店のひとつである。タバコ以外にも切手や印紙、バスの乗車券、ちょっとした文房具や日用品まで様々なものを売っている。したがって、ボクのような非喫煙者でもお世話になることは多い。

さて今回の取材にあたり、イタリア全国に2万３０００軒あるという自動車税収税タバコ店の中から選んだのは、近所のアレッサンドロの店である。

タバッキは、イタリア人にいちばん身近な商店のひとつ。

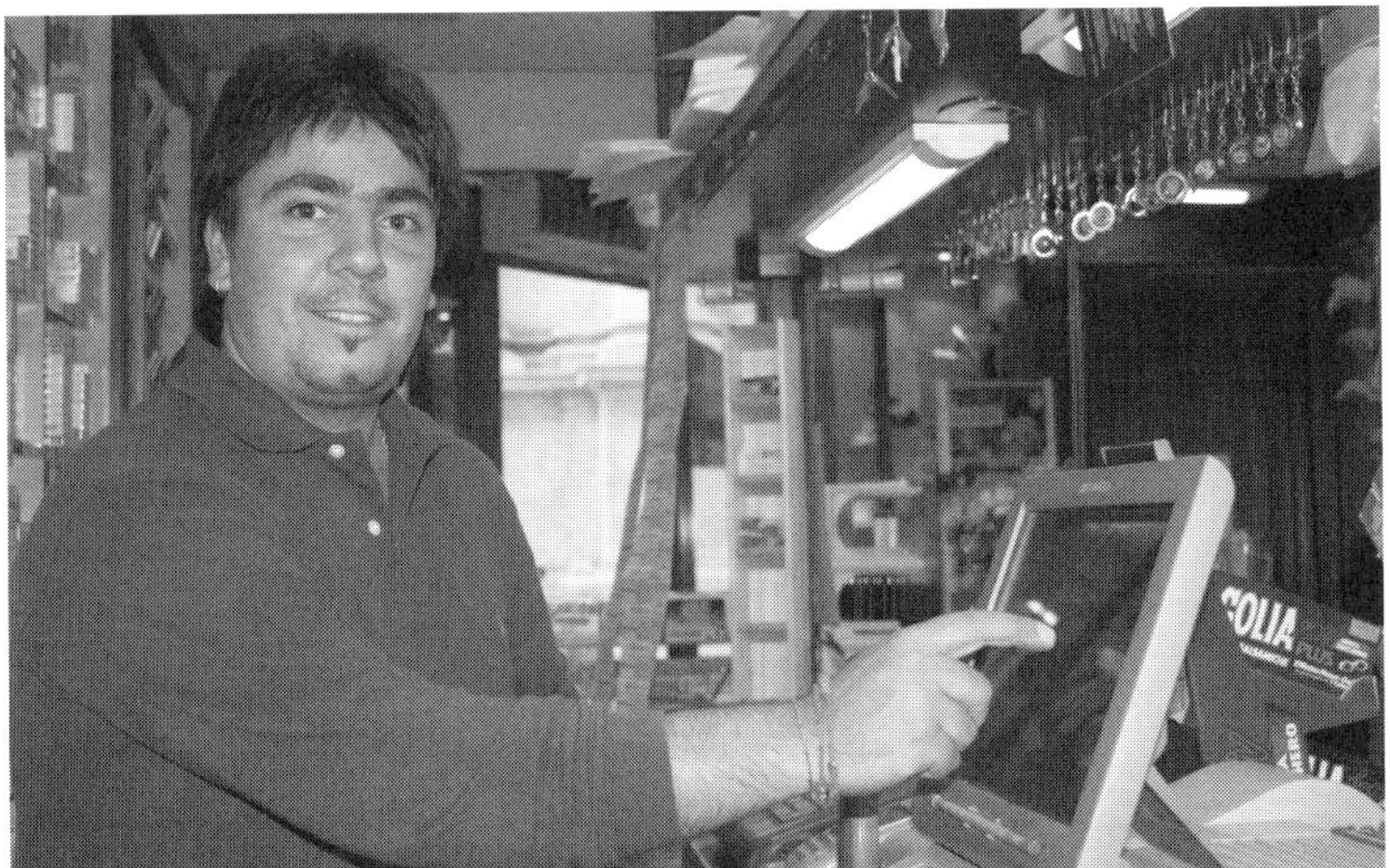
ロットマティカを慣れた手つきで操るアレッサンドロ。

なにも取材が容易だからではない。このアレッサンドロ、観光地にふさわしくない強面に誰もが一瞬「引く」が、実に繊細な男なのである。販売用の切手を価格別にいつも丁寧に分類して保管し、どんな少額切手でも在庫を切らせたことはない。そのうえ、日本も含め海外向け料金も正確に記憶している。やる気のない郵便局員よりよほど真面目な、タバコ店の鑑のような人物だ。

ちなみに、「イタリアのタバコ店の看板には、いまだに『塩とタバコ』と書いてあるけど、ホントに塩も置いてあるのか?」と聞くと、無言で4箱をボクの目の前に抱えてきた。「イタリアでは塩は今も専売制だから、この1kg入り4種類はいつも置いとかなきゃいけないんだよ」と説明してくれた。

■秘密は宝くじ端末機

さて、本題の自動車税の話である。

日本では近年コンビニエンス・ストアでも自動車税が払えるようになったが、アレッサンドロの店にコンビニのような新型レジは見当たらない。

実際にどういう仕組みになっているのか、アレッサンドロは丁寧に説明してくれた。

「自動車税の収税は、宝くじの端末を使うんだよ」

タバコ店には、これまた国の専売事業であるナンバーズくじの端末が置いてある。ロットマティカといわれる機械で、同名の会社がネットワークを運営している。

この端末を活用して、自動車税も収税しているのである。

タバコ店で自動車税を払うと1・55ユーロかかる。つまり、約230円もするのだが、実はACIに直接払いに行っても事務手数料として1ユーロかかる。その差80円。つっかけサンダルで行ける範囲内で払えて、長い列に並ばなくていいことを考えれば妥当である。

1999年にこの制度が始まってからしばらくは、ナンバーズくじと同サイズのマークシートに記入する必要があった。しかし、今では車検証さえ持っていけば、入力してくれるという。ボクも次回の自動車税は、アレッサンドロの店で払うことにした。

ちなみに、ロットマティカの端末は、自動車税のほかにも、電気・ガス、電話、そしてテレビ受信料の支払いにも対応している。

■便利だろうけど、やっぱりちょっと……

隣国フランスでは、さらにドライバーとタバコ店のご縁が深くなりつつある。なんと、タバコ店で交通違反の反則金（罰金）を納められるシステムが段階的に始まっているのだ。イタリアでも数年前に検討されたことから、近い将来前述のロットマティカを通じ本格的に払えるようになるだろう。

しかしながらタバコ店というのは、バール（イタリア式喫茶店）と並び、イタリア人が用もないのに集ってしまう典型的スポットである。

反則キップを持参したら、アレッサンドロにニヤリとされたうえ、たむろしている近所のおじさんたちからも「運悪いねエ」などと声をかけられる図が容易に想像できる。そのときばかりはタバコ店ではなく、金融機関の長い列に並んだほうがいいかもしれない。

市電よ、お前の時代だ

■お土産は組合冊子

小学生の頃、東京郊外に住んでいたボクは、都電というものに一度でいいから乗ってみたかった。

そこである日、親に頼んで、都営荒川線に乗りに連れて行ってもらった。

乗車後、「何か記念グッズを」と思って、職員詰め所を訪れた。するとひとりの職員が申し訳なさそうに、「生憎これしかないけど」と言って、一冊の冊子をくれた。

都電に乗った運転士さんが拳を振り上げるイラストが描かれていた。それが労働組合のものであることを理解したのは、ずいぶん後になってからだった。運転士さんの口から延びる吹き出しには、「団結」と書かれていた。

ときは１９７０年代初頭。増加する自動車の陰で、都電は路上の邪魔者とみなされていた。「近いうち都電はなくなる」と言われていた時代だ。東京都交通局の職員も必死だったのだろう。さまざまな可愛い〝都電グッズ〟が売られている今日と、隔世の感がある。

■「日本人デザイナーもの」も

クルマのことを書く機会が多いボクだが、本当はあらゆる公共交通機関が好きである。

いや、行けるところは、可能な限り公共交通を使うことにしている。

数寄屋橋交差点の銀座駅C4出入口のカレー屋さんの匂いや、井の頭線吉祥寺駅を降りた瞬間包まれるパン屋さんの香りなど、クルマ派には味わえない、ささやかな愉しみもある。

さて、ミラノやトリノで便利なのは、今も市電があることだ。

電車や地下鉄と違って、たくさんの階段を上り下りする必要がない。停留所（昔、日本では電停と言った）から、ひょいと乗れる。高齢化社会にもぴったりの乗り物なのである。犯罪の温床になる夜の地下鉄駅も避けることができる。

市電は乗っていても楽しい。最後尾の窓に陣取り、追従するドライバーが同乗者と交わす表情や素振りを眺めているのは、ヘタな映画よりも興味深い。

ただし、我慢しなければいけない点もあって、それは乗り込むときに地上から何段かステップがあることと、冷房がなく暑いことだ。

ところが近年、新型の市電が各地で導入されるようになった。いずれも低床式で、エアコンを装備している。

なかでも秀逸なのは、ミラノの『エウロトラム』である。ミラノにおけるカーデザイナーの老舗中の老舗『ザガート』によるもので、実際に手がけたのは日本人チーフデザイナー、原田則彦氏である。

先鋭的でありながら街に融合するフォルム、優れた乗降性が評価され、2001年には有名なデザイン賞『金のコンパス』を受賞している。

ミラノのトラディショナルな市電。東京も、もっと残しておけば良かったのに。

おりしもミラノ市では2006年8月、市長が通行税導入の検討を発表した。すでにロンドンで施行されているのと同様、市街地に入るクルマから通行料を徴収しようというものだ。慢性的な渋滞と排気ガスによる公害を一気に減らすのが狙いである。これを機会に、都市交通において、市電の価値はさらに見直されるだろう。

80年代はじめ、「ブルーバード、お前の時代だ」という沢田研二を起用したCMがあったが、今や「市電よ、お前の時代だ」なのである。

■これぞ理想の姿

いっぽうパリは、欧州でもいち早く公共交通を市電から地下鉄に切り替えた都市だ。だが現在、ふたたび市電を復活させるべく数路線の建設を進めている。

ある調査によると、市民の69%は市電と

いう乗り物に好感を抱いているという。

新パリ市電のひとつ、T3号線は、パリ見本市会場前を通るので、出張などでお世話になる人は多いと思う。

しかし、市電が完結性のある乗り物か？というとそうではない。目の前がすぐ駅という、まるで英会話教室のような家に住む人は少ない。

そこで家と駅を結ぶための手段＝クルマが必要になる。

先日ボクが見つけた理想的なケースは、南フランスの大学都市モンペリエにあった。

郊外の宿からクルマで中心街に行こうとすると、フロントのおじさんは、「そりゃあ、停留所の駐車場に停めて、トラムウェイ（市電）使うしかないでしょうが」と強く薦める。ただし駐車場は有料という。うーん、それならクルマで街まで行ってしまったほうが楽ではないか？　そんな疑念を持ちながら、停留所に隣接した駐車場にクルマを乗り入れた。

すると、係のお兄さんが小屋の窓を開けて、「はい、4ユーロ」と言った。そして、お釣りとともに渡してくれたのは、たった1枚のカードだった。駐車券と市電1日乗車券を兼ねているという。駐車場は入退場ともにゲートがあり、昼間はお兄さんが常駐しているのでクルマをいたずらされる心配も少ない。それで円にして約600円は安い。同様に駐輪場もある。

そのうえ市電の車内は清潔で、フランス国内最高気温を記録した日にもかかわらず冷房がギンギンに効いていた。

これなら、渋滞する旧市街に自家用車でイライラしながら突っ込む必要は見当たらない。

■不意討ちあり

　こうしたパーク&ライドの市電脇駐車場で、将来ついでにカーシェアリングも始めてしまえば、無理してマイカーを所有するドライバーも減るかもしれない。

　そんな夢広がる市電だが、個人的に困ることがあるのも事実である。

　街によっては、ときおり市電のかわりに、まったく同じ路線をバスで代行運転しているのだ。

　市電の停留所にバスが滑り込むのは、空港に巨大客船が入って来るほどではないが、やはり知らない者には〝不意討ち〟である。

　しかしバスは、その事実を知っている人だけをさっさと乗せて無情にも出発してしまう。

「あ、あの、市電のはずなんですけど？」などと言って狼狽するボクだけが、毎回ぽつりと停留所に残されるのだ。

標識は風と共に去りぬ

■ニセ札判定機

スーパーにトマト缶を買いに行くと、近所の女子大生がアルバイトでレジ係をしていた。

「いちおう規則だから、許してネ」

とウインクしながら、ボクの渡したユーロ札をニセ札判定機にかけている。

このニセ札判定、イタリアのスーパーにおける儀式のようなものだ。

もはやみんな慣れっこになっている。

ボク自身も別に何とも思わなくなった。相手がラガッツァ（若い女性）だと、さらに寛容してしまう自分も情けないが。

なにしろレジ係がチェックするのは一瞬なのだ。

日本でも時折ニセ札事件が世間を騒がせる。ボクの勝手なアイディアだが、日本でも異国ムードを求めるお客が集う都心の高級食料品店からこの判定機を導入すればいい。そうすれば「なんか外国みたいでカッコいい」などと話題になり、一気に広まるのではないか。

ついでにいえば、足し算でおつりを出すようにすれば、さらに外国っぽいと思う。つまり、７００円の商品に対して客から１０００円を預かったとき、欧米式に「８００、９００、１０００円」とか言いながら、１００円ずつおつりを返すのだ。ま、そこまでカブれる必要はないか。

■熟読すればホーンの嵐

さて、本題である。イタリアにはもうひとつ、瞬間的判断を要するものがある。ズバリ、運転中の道路標識だ。

大抵の場合、進路を判断すべき交差点なりロータリーまで行かないと標識がない。それも立っているのは、簡単な立て看板だ。

したがって曲がる直前に、一瞬にして行き先を判読しなければならない。

日本のように交差点の数十メートル手前に太い支柱を立て、そこからアームを伸ばして運転者の頭上に標識が来るよう取り付けるより、明らかに低コストである。

日本では道路公団民営化論議のときに、高速道路の非常電話があまりに高額であることが指摘されたが、必要なところにそれなりのコストをかけないのも問題だと思う。

さらに標識の文字が小さい。視力抜群の人でもわからないような略号やサインも混在している。

それらをモタモタ読んでいてはいけない。後続車からまたたく間にホーンの嵐だ。

■俺たちゃイタリア人

そんなイタリアの道路標識の難解さは、他のヨーロッパ諸国から来たドライバーからも評判が悪い。

風がもう一吹きすれば、意味をなさなくなる標識。

工事現場の標識は教習所の教本状態。だから、通れるのか通れないのか、どっちなんだヨ。

事実、数年前にEUからも改善勧告を受けたことがあった。もし改善されれば、標識に気をとられたことによる交差点での事故や、分岐で行き先を間違ってバックするクルマによる事故も減るだろう。だからイタリア人に何度となく、「この国の標識事情、なんとかならんのか」と、聞いてきた。

ところが笑いとともに、口を揃えたように返ってくる答えは、「Siamo italiani（シアモ・イタリアーニ＝俺たちゃイタリア人だからさ）」という諦めの言葉だった。

■歴史的地名復活運動

そういえば標識に関して、やっぱり別次元でモノゴトを考えているんだ、イタリア人は！と思わせる出来事があった。

2002年のことである。北部の議員を中心に、「道路標識に歴史的地名を」という運動が起きたのだ。

一例として、港湾都市ジェノヴァ（Genova）には、その古典的地名であるZena（ゼーナ）という標識を、というわけである。

東京を運転していて、いきなり「江戸」とか「武蔵乃国」という標識が出てくるようなものだろう。

日頃から、国境の向こうにあるフランス側の標識で、「Gênes（ジェン）」が実はジェノヴァのことだと理解するのさえ数秒かかる。
だというのに、もうひとつ読み方が加わるとすれば、結構つらいと思う。

■手書き系もアリ

イタリアの標識をさらに難解にしているのは、「手書き系」である。工事のときに林立する。

読みやすいようサインペンで一生懸命太字にしようとしている手作り感覚は、努力が感じられて微笑ましい。

しかし所詮手書きである。反射素材でないタダの紙ゆえ、夜などは見えないも同然である。

こんなこともあった。我が家の近所で道路工事が行なわれたときだ。

工期の終わり頃になったら、手書き標識が剥がれかけていた。

きっと風の仕業だろう。

「これぞイタリア式　可変式標識！」

思わず独り言でその場を〆てしまった。

ニセ札判定機を何とも思わなくなったのと同様、ボクの思考回路もずいぶんとイタリアーノになってきた。

タクシードライバーになる方法

■クルマの大敵は石畳

マルコ・ボナッキさん（48歳）は、古都フィレンツェのタクシードライバーである。イタリアのタクシーは原則として個人だ。

マルコさんの営業車は、フォルクスワーゲン（VW）トゥーラン・ターボディーゼルである。ゴルフをベースにした7人乗り背高セダンだ。

実は3ヵ月前までメルセデス・ベンツのCクラスで営業していた。だが、もともと中古だったうえ、オドメーターが37万kmをまわると、さすがにヘタりが目立ってきたので買い替えを決意した。

「フィレンツェの旧市街は石畳が多い。メルセデスといえども、ボディはガタガタになっちゃうんだ」

トゥーランは座面位置が高いから、乗り降りに疲れないという。そのうえ変速機はオートマティックだ。「こんなに楽なものはないね」とマルコさんは語る。

イタリアではいまだ多くのドライバーが「マニュアルのほうが燃費がいいし、壊れない」と信じている手動変速機愛好者だが、都市部のプロドライバーから徐々に意識改革は進んでいる。

故郷フィレンツェでタクシーを営むマルコ・ボナッキさん。

■営業権は家1軒分

父親は地元で会社経営、母親は婦人服のテーラーという家庭の一人息子としてマルコさんは育った。父の仕事を手伝ったのち、銀行勤務を経て8年前にタクシードライバーとなった。

この職業を始めた理由は、彼の口からは聞き出せなかった。

しかし、そのしっかりとした語り口からは、〝一匹狼〟を選ぶ独立心がたぶんに窺えた。

ところが、彼の話を聞くうち、単なる独立心だけではタクシードライバーになれないことがわかってきた。

まず、自治体が定める健康診断、交通・道路知識の試験をパスしなければならない。

「さらにフィレンツェの場合は観光都市だから、英語の試験もあるんだ」

幸い、マルコさんは前職時代に英仏語を習得していたので、語学は比較的楽に合格できた。

「でも、タクシーの営業権を買う必要があるんだよ」

タクシーの数というのは各自治体が条例で決めている。新規にドライバーが開業できるチャンスは、自治体が台数枠を広げるか、もしくは既存のドライバーの誰かが廃業するかして初めて訪れる。

マルコさんの場合は後者でチャンスを得た。

ただし、その営業権の取引金額は莫大である。今フィレンツェでは、「4LDKのマンションと同じ値段」というのが相場だそうだ。それも売買は原則として現金だ。特殊な世界である。

また、日本の個人タクシー同様、車庫が確保できないと営業許可が降りない。

さらに市内に2つあるタクシー組合のどちらかに加盟して、無線ネットワークに加わったり、通行規制区域進入の許可を得る必要がある。

そうして苦労の末に開業すると、3000~8000ユーロ（約45~120万円）の月収を手にすることができる。工場等で働くよりも数倍の高収入だが、高額な営業権を思えば、簡単に「おいしい仕事」とはいえないのだ。

インタビューした日も、マルコさんは「ちょっと失礼」と姿を消したかと思ったら、およそ2時間後に「8人乗せてきたよ」と言って帰ってきた。寸暇を惜しまず働いているのである。

■無作法な日本人？

昼食は約2時間。毎日自宅でとる。ボクは帰りがてら、実際にマルコさんのVWトゥーランに乗せてもらうことにした。フィレンツェの公認タクシー、その数630台。マルコさんはその1台として、今日も花の都を走り回る。

現在、タクシーの色は白と指定されている。でも「白であれば、メーカーごとの微妙な色の差はOKなんだ」とマルコさんは教えてくれた。

クルマには監視カメラが設置されている。ただし、日本のタクシーが装着しているような、事故分析用に前方を録画するドライブレコーダーではない。イタリア版は、強盗に備えて車内の様子を12時間連続で録画している。カメラの搭載位置については、ピーッ！（秘密）である。

「モザイクかけますから」というボクの撮

影依頼も、丁重に断られた。

しばらく走っていると、ふとマルコさんがボクに訊ねた。

「ところで、疑問に思っていたことがあるんだ」

ボクは、「漢字は何種類あるのか」とか「女系の皇位継承問題」とか、イタリア人から1万回は質問されたであろうネタを再び持ち出されるかと身構えた。

しかし、マルコさんの口から出たのは意外なことだった。

「なぜ日本人は、降りたときドアを開けっ放しで行っちゃうんだ?」

彼いわく、日本人のお客は他の国のお客に比べてダントツで礼儀正しいのに、なぜ最後で無作法になるのか?というわけだ。

ボクは日本式タクシーの自動ドアを説明したあと、疑問が氷解してホッとしているマルコさんのクルマを降りた。

日本人の皆さん、イタリアではタクシーのドアは手動です。とくにフィレンツェでマルコさんに当たったら、ちゃんと閉めてあげましょう。

第**4**章

暮らしてわかった、イタリア人の意外な日常

イタリア人が、日本のファッション誌を飾るようなトップモードに身を包み、自動車誌に載っているような新型車に乗っていると思ったら大間違い。リサイクルショップを巧みに使い、たとえ自家用車が3輪トラックだってシアワセに暮らしている。家庭内サッカーバトルで盛り上がれば、お役所仕事への怒りもさようなら!　この章では、あなたのイタリア観を必ず変える、生活のマンマミーア!をお届けしよう。

ナイスな通り名

■カーナビなんて要らない？

イタリアではカーナビが日本ほど普及していない。目的地を探すのが簡単だからある。地番表示が他の欧州諸国同様、「○○通りの△番」となっている。道の起点から見て、左側に奇数、右側に偶数の地番がふられている。

だから事前に地図の索引で通り名さえ把握していれば、地番を辿りながら比較的楽に目的の家なり店なりに辿り着けてしまうのだ。

まあ、カーナビが普及していないのには、もうひとつ理由がある。

単純なカーラジオさえ操作パネルを取り外せる構造になっていて、いちいち持って降りる国だ。カーナビなど「車上荒らしさん、いらっしゃい」と言っているも同然なのである。

■ソヴィエトは生きていた！

イタリアの通り名は見ているだけで面白い。

旧市街は、大抵その地の方向を向いた「ローマ通り」があって、その先には「ローマ門」がある。もう少し新しい一角だと、19世紀末のイタリア統一で活躍した人や旧国王の名をとり、「カヴール通り」「ヴィットリオ・エマヌエーレ通り」がある。

戦後整備された大通りや工業地帯には、旧ソ連に因んだ通り名も見受けられる。我が街の郊外にある「ユーリ・ガガーリン通り」は序の口。トリノには「ソヴィエト連邦通り」、ボローニャには「スターリングラード通り」がある。いずれも左派政党と労働運動が強かったこの国ならではである。ベルリンの壁が崩壊して15年以上経過したのに、まだ改名されずに残っている。

いっぽう「ゲージツ系」もある。作曲家プッチーニの別荘が残るトッレ・デル・ラーゴには、「蝶々夫人通り」をはじめ、彼のオペラ名がちりばめられている。

■命名に異変アリ

そうかと思えば、我が家の近くにも、「パガニーニ通り」「ヴェルディ通り」と作曲家の名を冠した路地がある。これは、近年ちょっとした新興住宅地ができると、縁もゆかりもない有名人の名前をどんどん使ってしまうからだ。

ところで先日、女房の友達の両親から「アパート建てたので、なんでもいいからイタリア語の名前を考えてヨ」という依頼があった。

「イタリアじゃ歴史的背景がない命名はない。『築地荘』とかで何が悪い！」と、うんちくを垂れたボクだが、通り名に関してはそうでもないようである。

ただし、「羨望のロッシーニ通りに住まう悦び」などというキャッチ入り不動産広告は見たことがない。どうやらいくら洒落た通り名でも、物件を購入するきっかけには、あまりならないようだ。

4年に一度の「マイ街頭テレビ」

■盛り上がり、五輪の比でない

自他ともに認めるカルチョ国民・イタリア人にとって、ワールドカップは開催されるたび、その年最大のイベントとなる。

たとえば2006年は、名門ユベントスの総監督が有利な審判選定を迫っていたことが伊サッカー界全体の不正疑惑に発展しても、賄賂がわりにマセラーティ・クアトロポルテが使われていたことが発覚しても、W杯はそれを掻き消してしまうだけの効果があった。

商戦という点から見ても賑やかだ。

大新聞は観戦ガイドの付録を売り物にし、電気店では大型テレビや携帯テレビの売り込みに力が入る。

「当たり前だろ」というなかれ。郷土意識が強く他都市のイベントに興味が薄いイタリアでは、トリノ・オリンピックなど、実は地元トリノでしか盛り上がっていなかったのだ。

それに比べると、同じ年だというのに、W杯はなんとも対照的な盛り上がりを見せた。

テレビでは、本戦前から親善試合が主要テレビ局で連日連夜のように放映されるようになる。カルチョ、カルチョ。楽しみにしていた連ドラもブッ飛ばされる。

ここはひとつイタリアのテレビ局も往年の『芸能人水泳大会』の技術を導入し、画面

グレーヴェ・イン・キャンティ村で目撃した、ご近所同士の即席街頭テレビ。

脇・丸囲みで別の映像を放映してほしい、とも思っているのだが、そんなことを言ったらファンに張り倒されるのがオチだ。

■護衛付きバス

イタリアに住んでいると、交通シーンでも「カルチョの国よのう」と驚かされる事象に遭遇する。

まずアウトストラーダ。週末に走っていると、物々しい車列に遭遇することがある。1台、または数台の観光バスが、前後2台のパトカーの護衛付きで走行しているのだ。

ティフォージ（熱狂的ファン）を乗せたバスである。各地のファンクラブや、ときには町内会が遠征会場までバスを貸しきるのだ。

バスに乗れなかったファンのクルマも、列にくっついて走っている。

バスがトイレ休憩でサービスエリアに入るときは、もちろんパトカーも一緒についてくる。

敵対するファン同士で、乱闘が起きたりすることを阻止するためだ。

ミラノの地下鉄では、一般人が誰も乗ろうとしない電車がときおりホームに滑り込む。サン・シーロ・スタジアムに向かうティフォージで満員の電車である。こちらも車内、ホームとも大量の警察官が動員されて、なかなか緊迫している。

■延長コードの先にあったもの

それに対してワールドカップの場合、それも国外で行なわれるとき、イタリアは比較的平穏である。

アッズーリ（イタリア・チーム）への応援で、前述のように日頃地域ごとに固まってまとまりのない？イタリア人が、このときばかりは一体になるからである。

キャンティ地方の小さな村を訪れていたときのことだ。

どこからか、W杯のテレビ中継の音が聞こえてきた。

半開きの格子戸からもれるサッカー中継の実況、ナイフやフォークが皿とぶつかる音、そしてパスタに絡めたトマトソースの香りは、イタリアの村で毎週末繰り返されている、けだるい午後の一風景である。珍しいものではない。

ところが角を曲がった瞬間、ある不思議な光景がボクを迎えてくれた。

住民たちが各自の家から、形も大きさもバラバラな椅子を持ち出してきているのだ。片手には、各自好きな飲み物やスナックを持っている。

足元を見ると、一軒の家から延長コードで継ぎ足した電源が延びていた。その先にはテレビが1台置かれていた。MIVAR（ミヴァール）という、今や数少ないイタリア家電ブランドである。生協でも売られている、国民型とでもいうべきテレビだ。

ワールドカップ中継を、ご近所全員で、それも屋外で観ていたのである。

一瞬、「なにもテレビを持ち出さなくても、各自の家で落ち着いて見ればいいのに」と思った。

しかし、きっとそれは違うのだろう。

彼らは、4年に一度の大イベントの感動を、近所の親しい人々とより共有できるスタイルを知っているのだ。

「すわ、ゴール？」というシーンのたび、彼らを取り巻く石造りの家々に大歓声がこだまする。

通りがかりの人も加わって、さらに盛り上がる。

カルチョ観戦の達人たちである。

そんな「マイ街頭テレビ」が、イタリアの村々では4年ごとに出現する。

幻のお宝湯たんぽ

■世界にファンを持つタイヤ

ピレリといえば、昔も今も高性能車の標準装着タイヤとして、クルマファン垂涎の的である。

創業は遠く1872年に遡る。第二次大戦後はラジアル・タイヤ『チントゥラート』をいち早く発表。その高い技術力で世界の注目を浴びた。ちなみにCinturatoとは、何のことはないラジアルの意味だ。しかし、昔イタリア語を勉強する前のボクは、その響きだけでしびれたものだ。

イタリア語というのは、何気ない意味でもカッコよくて羨ましい。ゆえに、日本でも木造2階建ての「陽だまり荘」が鉄筋4階に改築されたのを機会に、突然「カーザ・デル・ソーレ」になったりするのだろう。

■ピレリの家、売ってます

ピレリに話を戻そう。実はタイヤ以外にも2つの分野で広く知られている。ひとつは通信ケーブル、もうひとつは不動産である。

前者はなんと創業直後から続く古い事業で、早くも1886年には海底ケーブルの製造に成功している。

後者は、フランチャイズ店舗を通じて、住宅やオフィスを扱っている。ミラノなどでは「売りたし。連絡先＝ピレリ不動産」という貼り紙を頻繁に目撃する。そのたび、「ピレリ不動産で、家買っちゃったぜ」と日本のクルマ好きに自慢する自分を想像するのだが、残念ながらボクの住む県には、店がない。そもそも今月の家賃も家主さんに待ってもらっているボクに、その夢はあまりに遠い。

■湯たんぽは大場久美子か？

往年のピレリ製品といえば珍品がある。ずばり、湯たんぽだ。

といっても、イタリアのそれは昔の日本のような金属製ではない。ゴム製である。つまり、日本の水枕にお湯を入れて、湯たんぽとして使っていると考えればいい。

数年前ボクは、それをイタリア人の知人宅で発見し、著書で紹介した。

すると、知り合いの自動車誌編集者から、「読者プレゼントにしたいので、それを買い上げてきてほしい」というリクエストが舞い込んだ。

ところが、知人はすでにそれを処分してしまっていた。

イタリア人にとってはピレリのゴム製品は当たり前すぎて、コレクターズ・アイテムではないのであろう。「預言者、故郷で尊ばれず」という諺があるが、まさにそのとおり。

ぜひ復刻版を作り、タイヤご購入プレゼントとして提供してほしいものである。

しかしピレリとしては、自分が中学生時代に大場久美子のブロマイドを定期入れに忍ば

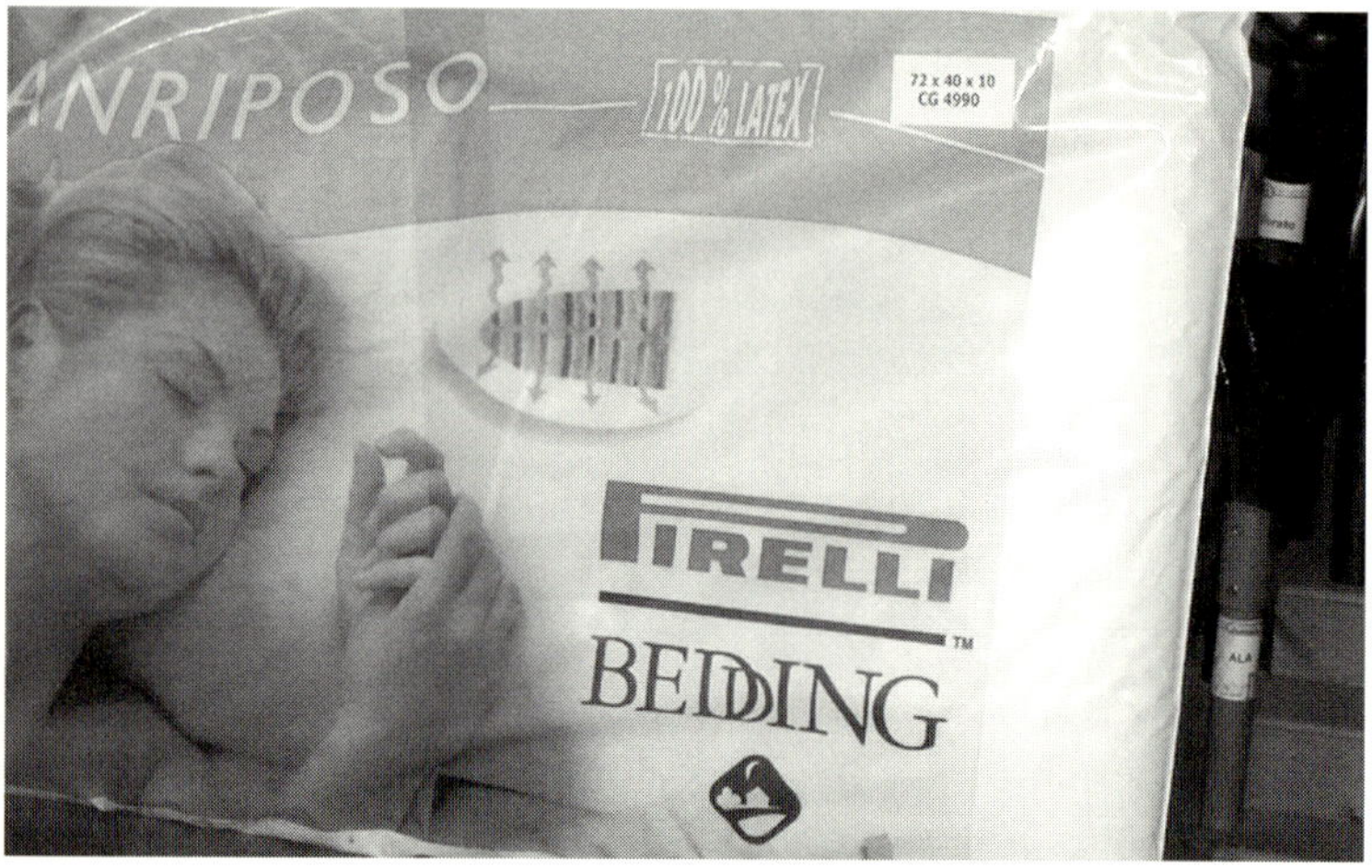

頚椎に良いというピレリ枕。運転がうまくなる効能もあるといいのだが。

せていたことを告白するのと同じくらい、今となっては触れられたくない製品なのかもしれない。

■ピレリ・ブランドの決定版登場

今日手に入る、こんなピレリ・ブランドもある。

ベッドをはじめとする寝具シリーズだ。実はその歴史も古く、はじまりは1929年である。すでに1992年からは米国の寝具メーカーの傘下にあるのだが、今も引き続きピレリ・ブランドで販売している。

カタログによると、マットレスは劣化が少ない100%天然ラテックスを使用。取り外し自在なカバーは、90℃の湯で洗濯できるという。

枕も同様に100%ラテックス製で、「通気性抜群かつ頚椎に優しい形状」を謳う。

タイヤに負けず劣らずの、なかなかのスペックが並ぶ。

気になるお値段は？ というと、マットレスが1000ユーロ（約14万5000円）前後である。ポーンと買える値段ではない。

しかし、時折バネがビヨーンと出てきて背中を直撃する、「針のむしろ」を地で行く我が家の安マットレスとは別物であることは容易に想像できる。

■今年のクリスマスあたり、どうかひとつ……

いっぽう、枕は50ユーロ台、円にして約7200円である。こちらもそれなりの価格だ。自分で購入するのではなく、お中元とかで（残念ながらイタリアにその習慣はないが）、ぜひ頂戴したい品である。

せめて今年のクリスマスあたりに欲しいことを匂わせるため、友人のルカに、「ピレリの枕」の話をした。

しかし、やはり彼もイタリア人だった。前述の湯たんぽ旧所有者同様、関心を示さない。

こらこら、お前の興味ある・なしではなく、ボクが欲しいんだよ！

そんなボクの怒りも意に介さず、ワールドカップのテレビ観戦で疲れたルカは、「オレには、このほうがいいっす」と言って、強豪サッカーチーム・ユベントス柄の寝具に身を沈めた。

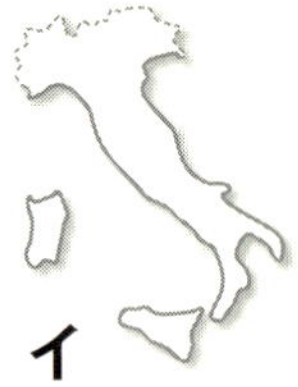

イタリア語は本当に「使えない」のか？

■連載断念！

ここ6年、ボクはＮＨＫのイタリア語テキストにエッセイを書いている。以前はラジオ、現在はテレビのテキストに連載している。

毎年ある時期になると、来年度の企画をウンウン言いながら考えることになる。ある年のことだ。テレビ・フランス語会話テキストでは、『フランス語圏めぐり』という連載が続けられていた。ハイチ、カナダのケベック州、セイシェルなど、仏語が用いられている世界各地の国々を紹介する、という企画である。

そうだ、この企画のイタリア版をやればいい。そう思ったボクは、まずは公用語として用いられている国を紙に書き出してみた。

それはイタリア、サンマリノ、スイスだった。

サンマリノは、面積61・2平方キロメートル、人口 約2万９０００人。熱海市とほぼ同じ面積に、甲子園・内野席の定員くらいの人々が住んでいる国だが、4世紀にその建国伝説を遡ることができる、歴史ある独立国である。

スイスはドイツ語、フランス語、イタリア語、ロマンシュ語が認められている。言語区分として最もエリアが広いのはドイツの63・7％だが、イタリア語も国境付近を中心に

6・5%の地域で使われている(数値はスイス政府観光局)。ついでにいうと、スイス人の友だちの子供は、中学生にもかかわらず、独伊を堪能に使い分ける。

「あれ、ヴァチカン市国は?」というと、実は公用語はラテン語、外交用語はフランス語ということになっている。イタリア語は業務用語という位置づけだ。それでもイタリア語が用いられている国ということで、ヴァチカンも一国として加えた。

だが、スイスを除くと、どれもイタリア半島ばかりになってしまう。

そこで手持ちの資料でさらに調べを進めた。するとマルタ、モナコ、スロヴェニアでも、イタリア語が用いられていることがわかった。

しかし、全部合わせても7カ国である。これでは1年間の連載が続かない。過去の植民地政策があることを無視してはいけないが、〝語圏めぐり〟ができるフランス語が羨ましかった。

そのうえ、日本にいるフランス・ファンの知人が、「ヨーロッパではフランス語が話せると尊敬される」などと言う。「知ったようなことを言いやがって」とも思ったが、ボクとしては、さらにしょげた。もちろん、企画はボツである。

■おっ、使えるじゃないか

いっぽう、別のアイディアにゴーサインが出た。『イタリア国境の旅』である。毎月、国境に近いイタリアの町を訪ねて周辺の歴史や文化を紹介する企画だ。

ところが毎回取材のついでに、クルマで国境越えして向こう側の国まで行ってみると、さまざまな発見があった。

まず、スイス。前述のように公用語として定められているとはいえ、国境を越えてもまだイタリア語が通じるというのは、やはり感動ものだ。ある小さな村では、偶然出会った老夫婦と親しくなり、ついには彼らの家のお茶に招待してもらった。

モナコのカジノ前にある『オテル・ド・パリ』は泣く子も黙る一流ホテルだが、そこでも確かにイタリア語が通じるではないか。

東の隣国スロヴェニアでは、さすがに内陸の首都リュブリャーナまで行ってしまうと無理だった。屋台のスープの具が何か聞いたら、親切な店主は「イタリア留学したことがある」という近所の若者を連れてきてくれた。だが、アドリア海沿岸地方のリゾートでは、充分にイタリア語が通じた。

もっと感動したのは、その隣国クロアチアの、やはり海岸沿いである。ガイドブックにもページを割かれないような小さな港町で、イタリア語が通じたのだ。もちろん19世紀のイタリア統一に際し、その周辺地域まで含まれたことや、第二次大戦終戦までイタリアが同国のダルマチア地方を占領していた事実も忘れてはならない。だが聞けば、イタリアに近いその一帯では、今日でも学校で母国語のほかイタリア語を教えているという。

■厨房からチャオ

郷に入れば郷の言葉で話すのが一番の礼儀であろう。でも、イタリア語でコミュニケーションが図れるということは、その国への理解を深める貴重なきっかけとなることに間違

ボクにはちゃんと伊語を
使ってくれる
気配り
ある
子供
Andiamo
a mangiare
....
Gehen Wir
essen
....

いない。

ところでさまざまな国において、かなりの確率でイタリア人と遭遇するスポットがある。ずばり、食堂である。

ピッツェリアやイタリア料理店に限らない。普通のレストランでも同じだ。

ウェイターやピッツァ職人の風貌や雰囲気がイタリア人ぽい場合、「たいへん失礼ですが、もしかして……」とイタリア語で話してみる。名札の名前がイタリア風だったら、もっと確率は高い。

短期で来ていたり、腕を買われて長期で働いていたり、すでに現地の国籍を持っていたりと、就職の形態はさまざまだが、イタリア人かイタリア系であることが多い。

やがてこちらがイタリア在住とわかった途端、それまで現地語でクールに注文をとっていたにもかかわらず、イタリア語になる。

そして「おおッ、イタリア住んでるの？　シエナ？　いいとこだねェ。オレはジェノヴァ」などと、仕事そっちのけで話し込んでくる。

思い出すのは、フランスの、ある山奥でのことだ。

冬はスキー場で賑わう村も、夏はひっそりとしていた。そのうえ日曜。どの店も閉まっている。あたりは刻一刻と寂しくなってゆく。そんな中、1軒の食堂に明かりがともっているのを発見した。ボクは山から吹き降ろす風に背中を押されながら、店に飛び込んだ。

食後会計を済ませ、帰ろうとテーブルをたつと、厨房とを仕切るドアの丸い窓から、コック全員がボクのほうを覗いているではないか。

ウェイターに聞けば、コックは全員イタリア人だという。

ウェイターはフランス人だったが、ボクがイタリア在住であることをほのめかしたため、厨房に行って報告したのだろう。

「こんな山奥まで、イタリア語を話す東洋人が来た」と話題になったのに違いない。

ボクはイタリア人がよくやるように、頰を人差し指でグリグリしながら「うまかったよ！」と大声をかけた。

すると、厨房内からも大きな声で「グラーツィエ、チャオ！」と返ってきた。

彼らのおかげで勇気がわいてきて、宿へと戻る、普段ならビビりそうな山道も恐くなかった。

イタリア語やってて良かったぜ。本当にそう思った。

中世の街　洗濯物干し事情

イタリアの家というと、「ロメオとジュリエットのようなバルコニーがあって〜」と想像する方が多いだろう。

しかしボクが住むトスカーナのシエナ地方では、そういうバルコニーがある家は、田舎の邸宅か農家だ。もしくは新興住宅地に建つ日本とあまり変わらない無味乾燥な雰囲気の団地である。

「チェントロ・ストリコ」といわれる趣きのある旧市街では、バルコニーのある家は少数派だ。

ボクたち夫婦のアパルタメントも旧市街にあって、バルコニーがない。

洗濯物はというと、吹き抜けにロープが渡してあってそこに干すのだが、4階部分なので住み始めてすぐは見下ろすと結構ビビった。

でも、家主さんが付けておいてくれたそのロープには、両側に滑車が付いていていた。

したがって、ちょっと洗濯バサミで留めてはクルクル、また留めてはクルクル、とやってゆくと、ロープの中央にも洗濯物が行き渡る。これなら窓から危険なほど身を乗り出して干さなくてもよい。ははーん、イタリア南部の映像なんかで道の向こうの家とロープを

洗濯物干しは
吹き抜けを挟んで
両側から
共同作業
あッ
パンツ落とした！
クルクル
引く
押す

張り、まるで運動会の万国旗のように洗濯物を干しているのも、この滑車のおかげだったのだ。

問題はこうして並列に干すと、どこの家にどういう洗濯物が干してあるか、まる見えなことだ。

つまり隣の若奥様から向かいの女子大生まで、昨日どんな下着だったかわかってしまう。

しかし意外なのは、こうも堂々と干されると、あまりエッチな気分にならないことだ。麻薬撲滅のための解禁は意見の分かれるところだが、下着ドロの被害をあまり聞かないのは、この〝フル公開状態〟がうまく作用しているのだとボクは密かに信じている。もっともバルコニーのない壁を何階もよじ登る、スパイダーマンのような奴がいないだけかもしれないが。

ところでイタリア人の洗濯物干しを見ていてもうひとつ驚くのは、夜になっても仕舞わないばかりか、雨が降っても出しっぱなしの家が多いことだ。要するに夜露が少ないうえ湿度が低いからできるワザなんだろうが、日本人の国民感情にはどうしてもそぐわない。

そんなことを書いていたら、女房が日本へ一時帰国することになり、ボクが洗濯をする羽目になった。

で、干す以前に「ったく!」と思ったことがある。こちらで一般的な横ドラム式の洗濯機は、スイッチを入れて水が満たされたが最後、パンツ1枚入れ忘れても絶対途中でドアを開けられないのだ。

「ああ、これも洗うんだった」とひとりボヤいていると、後悔ばかりのボクの人生を洗濯機にあざ笑われているようで悲しくなってきた。

洗練されたデザインのクルマや家電に憧れてイタリアに来たボクだが、洗濯機だけはいくら「愛●号」とか「うず●お」とかダサい名前が付いていても昔ながらの日本式がいい、と思っている。

リサイクルショップのニューウェーブ

イタリアで最近、あるリサイクルショップがチェーンを拡大している。

イル・メルカティーノ（小さな市場）という店だ。95年の開業以来すでに国内に６００店舗を数えるという。

このお店、リサイクルといっても、単純な買い取りではない。委託販売のようなシステムである。

まず品物を持ってゆくと、店員さんがテキパキと値踏みしてパソコンに入力してくれる。引き取れないものは、その場で返される。

後日、店で品物が売れると、売り主に店頭価格の中から所定の割合を払ってくれる仕組みだ。家具なら65%、服、家電、本、おもちゃなら50%と決まっている。

数年前わが家の街にもそのフランチャイズ店ができて、ボクも通ううち品物を持っていくコツを心得てきた。

まず衣類の場合、シーズンに合わせて持ってゆくこと。在庫となってしまうオフシーズンものは、原則として引き取ってもらえない。

また、たとえベネトンとかでも、ブランドものは引き取ってくれる確率が高いと読んだ。

引き取ってくれない品があっても、ふくれっ面をするのは粋ではない。逆に、もらって困ったクリスマスプレゼントのロウソク立てなんかを、「えッ、こんなモンでもいいの？」というくらい高く値踏みしてくれたりするからである。店員さんは、イタリア人のみなさんが欲しがるものをよく知っているのだ。

店頭販売価格（円換算）は、60年代の香り漂うマグカップ六客２０００円、何千里を旅したのかを想像するとロマン漂うトランク５０００円、といったところである。

ちなみに60日たっても売れなかった商品は、１割から6割の割引が始まる。

店内には、いかにも「イタリア人の物置きを片付けたら出てきました」というようなアイテムが多い。いっぽうで、日本人留学生が帰国売りしたと思われる炊飯ジャーが突然佇んでいたりする。

もうひとつ画期的なのは、品物はコンピューター管理されていて、売れると明細が自宅に郵送されてくることである。イタリアにしては、奇跡的な几帳面さよ。我が家もここ数年すっかり常連になってしまった。

精算はいつでもお客様カードを持ってゆくと、すぐにしてくれる。

ただし昔から現金を手にすると、つい気が大きくなるボクである。

大抵そのまま帰らずに、コート１０００円とか、ズボン５００円とかを買い漁る。女物だが見捨てるには惜しいカラフルなジャケットがあって、これまた買う。で、結局合計金額は、頂いた額を大幅に超えてしまうのだ。これだから、ボクはお金が貯まらない。

家庭内にサッカーバトルを見た！

日本でもサッカー・ワールドカップが盛りあがったであろう２００６年。カルチョ（サッカー）といえばイタリア。ボクのまわりにも、熱いファンが多い。『幻のお宝湯たんぽ』に登場したルカ君（フリーター／24歳）もそのひとりだ。

イタリアのカルチョ好き、イコール 発煙筒に火をつけたり爆竹を投げる過激なフーリガン、というイメージがあるが、決してそういうヤツばかりではない。

多くはルカ君のようにコツコツとバイトしては、好きなチームの観戦券を手に入れたり、応援グッズを買い揃えている。実はこういう地道な「ハト派」ファンが底辺を支えているからこそ、日本におけるＦ１のような一過性盛りあがりで終わらないのだ。

で、彼が応援しているのはトリノの名門チーム、ユベントス。なかでも日本でもファンが多いスター選手、デルピエロがお気に入りだ。

部屋中央に陣取るベッドは、シーツ、掛け布団カバー、そして枕までユベントス・マークがちりばめられている。パジャマもシンボルカラーにちなんで白と黒の縞模様を愛用している徹底ぶりだ。

最近はバイト代を注ぎ込んで「全試合完全中継！」が売り物の有料衛星チャンネルにも加入した。コンピューターよりサッカー中継制覇、というのが、典型的ジョーヴァネ・イタリアーノ（イタリアの若者）。事実、彼もパソコンはまだ持っていない。

ところが家族とともに使う居間には、別のフィレンツェ・チーム＝フィオレンティーナのマーク入り風船やクーラーバッグが転がっているではないか。

聞けば、彼の姉ちゃんがフィオレンティーナ・ファンなのだという。だから、子供の頃からずっと試合のある日は別々のテレビで観戦していたそうな。

そんなことをボクと話していたら、ルカ君のお母さんが「アタシは、絶対インテル・チームだからネ。打倒ユベントス！」とすかさず拳を振り上げる。

なぜ家庭内でも、そんなに応援チームが分かれるのかといえば、出身地だったり、同い年のいとこが好きだったり、特定の選手が好きだったり……とさまざまな理由によるようだ。

幸い先日、その姉ちゃんは「出来ちゃった結婚」でお嫁に行ってしまった。それを機会に、ルカ君は頃合を見てフィオレンティーナ・グッズをこっそり捨てるそうだ。

「それじゃテレビもひとつ空いたわけだ」とボクが笑うと、ルカ君は「そう簡単にはいかないヨ」と首を振った。

彼のフィアンセ、エレナは、ミラノのチーム「ACミラン」の熱狂的ファン。彼の家にやって来ていても、試合中は分かれて観るのだという。

イタリア家庭ではカルチョ実況中、人間関係に決定的溝ができる。日本のように、巨人阪神戦を観る旦那に、奥さんが「原クンの監督ぶり、どう?」とか言いながら、「はい、あなた」なんて枝豆とビールを持って来るような平和的光景は到底望めないのだ。

巨大スイカと幻の刺身

ヴァカンツァシーズンが幕を閉じようとしている夏の終わり。

毎年女性誌の「VIPの夏休み特集」をめくりながら「いいナー」とつぶやく女房を見るたび、ボクは「ナカタやナカムラじゃないんだから、派手なヴァカンツァできるはずないだろ」と反論してきた。

しかし結婚7年目。たまには言うことを聞いたほうがいい。そこでイタリア人のように3週間や1ヵ月とはいかないが、この年は南部のシチリア島で1週間を過ごすことにした。ついでに、日頃内陸部在住ゆえなかなか食べられない魚をたくさん食べようと目論んだのだ。

少しでも節約すべく、貸し別荘は海から遠い安いところを選んだ。でも実際行ってみるとオーナーは気のいいおじさんで、隣の畑でとれるナスやトマト、ズッキーニのおすそ分けを毎朝もらうことができた。

さて日程も終わりに近づいたある日、出発前にもらっておいた「友達の友達」の連絡先に電話をかけてみた。フランチェスカという彼女は「大歓迎ヨ!」と言う。旦那はマグロ漁師とのこと。ボクは「ウマい魚料理が食べられるゾ。もしやイタリアに住んで以来初の

刺身か!?」と勝手な期待で盛り上がった。

訪問当日、あいにく例の旦那は「海がいい天気になった」そうで漁に出てしまっていた。しかしフランチェスカと子供、両親、おばあちゃん、帰省中の姉と子供2人の計8人が出迎えてくれた。

で、肝心の料理はといえば、淡い期待に反して肉料理だった。大人数ゆえ下ごしらえに手が掛からないのだろう。ちなみにその地方では、たとえ海が近くても生魚はポピュラーでないそうだ。でも親切なフランチェスカは、年季の入ったレシピ帳から郷土料理を一生懸命書き写してくれた。少女時代から母親や祖母から聞いてはマメにメモしてきたのだという。イタリアでも大都市では消えつつある、大家族の良さがそこにあった。

さて、貸し別荘のおじさんからもらった

ものの食べきれなかった野菜を手土産に出そうとしたときだ。フランチェスカのお父さんが「うちにゃ畑があってね、ナスでもズッキーニでも、なんでも採れるんですよ。ワハハッ。今日食べたのもみんな自家製！」と自慢した。ボクは慌てて野菜を入れてきた袋を引っ込めた。

気が付けば、珍しい日本人をひと目見ようと近所の親戚が次々やってきて、総勢20人に膨れあがっていた。ひとりの若者は「これ、お土産」と、直径30cm重さ15kg近くある、こちら独特の巨大スイカを持ってきてくれた。ボクは「飛行機に抱いて乗れないんすヨ」と丁重に辞退したが。

ＶＩＰなヴァカンツァとはだいぶ掛け離れ、刺身用に家から密かに持参したミニボトル醤油と練りワサビも無用の長物と化したが、いつかナカタやナカムラも誘いたいユニークな夏休みだった。

蚊撃退にアノ手この手

イタリアで有難いことは、日本と比べ蚊が少ないことである。参考までに伊語で蚊はザンザラという。

しかし皆無というわけではない。窓を開けて寝ていると、日本と同様あの「プ〜ン」という飛行音が時折耳元に近づいてくる。「もしかして日本とイタリアの蚊はお互い喋れるのか?」などと呑気なことをボクが考えているうちに見事に刺されている。

そこで、さまざまな蚊撃退グッズのお世話になる。

日本のような電子蚊取り器も、あるにはある。だが、蚊のために部屋の中の数少ないコンセントを塞ぐのは癪だ。

そこで活躍するのが蚊取り線香である。こちらでポピュラーなブランドは、ズバリ『ヴルカーノ(火山)』。ただし香りは日本のものと似ている。ボクなどは、今も地方に残る由美かおるさんのホーロー看板を思い出しながら、煙をくゆらせている。

いっぽう、イタリア風情漂う蚊撃退グッズもある。チトロネッラ(日本名コウスイガヤ)という植物から作った黄色いロウソクである。こちらは実に爽やかな香りだ。かわいいテラコッタ製の壷などに入って売られていることが多い。

イタリアでは、チトロネッラの蚊除けスプレーも存在する。

だがいずれも撃退グッズに過ぎず、根本的なブロックにはならない。

そこで登場するのが網戸である。

ただし、日本のようにサッシではない。わが家も含め、築ン百年のアパルタメントや家が多いイタリアでは、窓の大きさはまちまちである。

そのため、窓の大きさに合わせて自分で切る、蚊除け網がある。ホームセンターで売っている。

あらかじめ窓枠側に付属のマジックテープを付けておき、そこに網を貼る。季節が過ぎたら、網だけ取ればいい。

面白いのは、去年我が家がその網を付けたら、今年は同じアパルタメント中でちょっとした「網戸ブーム」が起きたことだ。

でも、イタリア人による網の切り方・貼り方は大らかだ。余分のバリ・たるみが妙に多い。

これじゃ街の美観によろしくない。近日「奥さん、ダメだヨ」と、人生相談のみのもんた氏のように怒りながら、貼り方指導をしようと思っているボクは相当なお節介だ。

食って歌ってばかりじゃないぜ！イタリア人

■mangiare――3食バカ食いして、昼寝してるか？

イタリア人には「年がら年中食ってばっか」というイメージがつきまとう。

しかし今日、多くのイタリア家庭で、フルコースをとるのは昼か夜のどちらかである。

たとえば我が家の家主で、エレベーターの販売・管理業を営むトゥルキ家の場合。働き手のご主人マリオ氏（58）と息子のシモーネ君（30）は、仕事の進み具合によって帰宅時間がまちまちだ。したがってフルコースは昼だけである。


彼らのように自営業だけでなく、ご主人が一旦会社から昼に家に帰れる家でも、この「昼重」モードをよく見かける。


食後に昼寝するかと思いきや、くつろぐだけ。昼に寝るイタリア人は、実は少数派なのである。ちなみに「シエスタは？」と日本人からよく質問されるが、あれはスペイン語だ。

やがて3時からふたたび仕事を再開する。帰宅は仕事の進み具合によって8～9時頃と不規則だ。夕食はチーズとサラミ、それに自家製の野菜やフルーツを軽く食べておしまいである。ドルチェは食べない。


家業の事務を手伝う奥さんのロザンナさん（56）は、

「イタリアもダイエット志向が進んだこと、専業主婦が減って家事の時間が限られてきたことから、各家庭で家族全員が集まりやすい昼・夜どちらかにパスト・プリンチパーレ（食生活の中心）を決めるようになったんですよ」と説明する。

■cantare――大家族でワイワイ・ヴァカンツァ？

戦後のイタリア映画や、古いフィアットの広告写真に出てくるような大家族も昔の話だ。２００１年の国勢調査によると、イタリアの平均家族数は２・６人。とくに減少が激しい北東部では、終戦直後は４・２人だったのが現在は２・５人に減少した。

この数字、もちろん少子化が原因だが、高齢者家庭が増えたこともおおいに関係する。そう、イタリアは２０５０年には人口の65％が年金生活者になるという、ＥＵ加盟国で１、２を争う高齢者国家なのである。

ピサから南東に60km、丘の上のヴォルテッラに住むトメア氏（74）は元・市の土木課職員。娘２人はすでに嫁ぎ、今や奥さんのマリアさん（71）とふたり暮らしだ。

廃線になった切り替え小屋を国鉄から借りて、静かに年金生活を送っている。クルマも簡単な筆記試験で乗れる50ccの3輪トラックだけ。ヴァカンツァにも行かない。

イタリア人＝長期のヴァカンツァというイメージがあるが、その習慣が一般人にも普及したのは、60年代に奇跡の経済復興を遂げ、人々がフィアット・チンクエチェントで自由なモビリティを手に入れるようになってからである。

それ以前の質素な生活を知っている彼らの世代には、静かに自然の中で年金生活を送っている人がたくさんいる。

今のトメア氏の楽しみは、マリアさんそっちのけで作る料理と、1km離れたところにある菜園。この夏も溢れんばかりのトマトやズッキーニを収穫した。

■amore——やみくもに愛に突っ走る?

イタリアのオペラアリアや古いカンツォーネに浸っていると、「愛まっしぐら!」というイメージがあるが、なかなかどうして、これも一概にはいえない。

たとえばピサ近郊に住むレティーツィア・マルキオーロ嬢(28)。彼女には14歳のとき、所属していた地元のブラスバンドで知り合ったダヴィデという彼氏がいた。

その後、もちろんずっと付き合っていたわけだが、婚約するまで彼を家に入れなかった。彼女の父親は「デートの帰りに送ってくれても、婚約するまで彼を家に入れなかった」らしい。断っておくが、ダヴィデはイタリア人若者のなかでも好青年である。けっして彼女の親父に嫌われていたわけでない。カタい家なのである。

で、婚約とはどういうものかというと、日を決めて、お互いの両親に将来結婚する予定であることを告げ、ちゃんと指輪を交換する儀式だ。

レティーツィアとダヴィデは交際後4年、18歳のときに、この婚約式をしたという。昆布&かつおぶしまで用意する日本式結納にはかなわないが、旧来のしきたりを守る家庭がいまだ多く存在する。イタリアは日本で考えているより古い社会なのだ。

なお、以上の登場人物で歌声を聴かせてくれた人は誰もいない。普通のイタリア人は、けっこうシャイなのである。

新世代日本ファン、ただいま増加中

■イタリア人、日本を目指す

ボクの周囲では、ここのところ「日本に行ってきた」もしくは「日本に行く」というイタリア人が多い。

ボクのクルマの面倒をみてくれている自動車ディーラーのアンドレアも、新婚旅行先に日本を選んだ。

背景には、統一通貨ユーロの強さがあるだろう。しかし、従来ヴァカンツァというと真っ先にビーチリゾートを目指していたイタリア人に、少しでも日本に関心をもってもらえるというのは、やはり嬉しいことである。

特殊行政法人　国際観光振興機構のデータによると、２００５年日本を訪れたイタリア人は４万４６９１人だった。

イタリアを訪問した日本人の数64万１５３６人（２００３年）からすると依然少ないが、前年比＋14・８％という高い伸びだ。

もちろんイタリアには大学で日本語や日本文化、そして歴史を学問としてきちんと学んでいる人がいる。そうした人たちは、ボクなど到底歯がたたないほど日本に関する豊かな知識を有している。事実、いちど日本文化を専攻している女子学生に、平安時代の話を切り出されてタジタジになったことがある。

そのいっぽうで、中国との違いを明確に理解していないイタリア人もいる。

また、お年寄りの中には、「サムライはまだいるのか?」「カラキリ(切腹のことをイタリアではこう呼ぶ。ハラキリの誤記)はまだあるのか?」と、古い日本のイメージが鮮烈に残っていると思われる人もいる。

以下は、その両者の中間の、日本にちょっと好奇心をもったイタリア人のことと捉えていただきたい。

■クロサワからミヤザキへ

10年前、イタリアに住み始めた当初、「日本好き」というイタリア人と出会う機会が何度もあった。

ところがそうした日本ファンに共通しているのは、「クロサワ」「オヅ」つまり、映画監督の黒澤明や小津安二郎ファンであることだった。

恥ずかしながらボクは、007シリーズは全編観ていても、両監督の作品の1本たりとも最後まで観たことがない。相手の話に乗ってあげることができず、大変肩身の狭い思いをした。

ようやく最近は、日本ファンのジェネレーションが変わってきた。

子供の頃からテレビで、イタリアでも放映されている日本製アニメとともに育った世代である。クロサワ・オヅ系日本ファンは少数派に転じつつあるのだ。

新世代・日本ファンは、吉本ばななの小説、北野武の映画、そして坂本龍一の音楽世界を、なんの抵抗もなく受け入れる。

その昔ビートたけしの漫才に笑い、ＹＭＯのＴシャツを自慢げに着ていたボクである。クロサワ世代の前では肩身が狭かったのに、急に新世代日本ファンの前では先輩ヅラをするようになった。

ところが、落とし穴があった。彼らの多くは宮崎駿作品に詳しいのだ。友人のベニヤミーノ君は、「クレナイノブタ」「カゼノタニノナウシカ」「モノノケヒメ」などと、〝そら〟で宮崎作品の原題を連発する。

アメリカのアニメよりも、繊細な心理描写がイタリア人のエモーションに近い、と彼は分析するが、残念ながらボクは宮崎ムービーに明るくない。日本ファンすべての期待に応えるのは、結構つらい。

■自国の旧王家よりも……

一般的なイタリア人の日本に対する関心は、意外なものにも向けられる。そのひとつが、日本の皇室に対する関心である。

とくに皇位継承問題については、イタリアのニュースも盛んに採り上げたこともあって、会う人会う人に意見を求められた。イタリアの一部メディアが誤って報じたのか、それとも彼らの聞き違いかは定かでないが、「皇位継承順位変更には、憲法改正しなければならない」と思っている人が多く、これまた説明に困った。

そこのあなた、危ないですヨ。「暑さに決着を」という日本企業によるエアコンの広告。

なぜ日本の皇室に関心を？　そう質問すると、イタリア人からは大抵「遠い東洋の国の伝統に、神秘に似たものを感じる」という答えが返ってくる。

イタリアにおける日本の皇室ニュースというと、今も皇太子御夫妻の神殿におけるご成婚シーンを最後に繋げて放映されることが多い。その絵巻物のような光景から、イタリア人はますます興味をつのらせるのだ。

しかし戦後イタリアが共和制に移行するまで存在したサヴォイア王家には今も末裔がいる。彼らに関心はないのか？　そんなボクの質問に、あるお年寄りは「あれは、半分外国人だから」と答えた。たしかに歴史上、常にフランスとの間に存在した王家ではあるが……。

■意外に人気だった、この人

ところでもうひとり、ここ数年ボクの周囲のイタリア女性に人気を博した日本人がいた。何を隠そう。小泉純一郎・前首相である。

高校教師のクリスティーナは、「あの白髪の髪型がステキ」と言い、観光ガイドのルチアは、「ミオ・アモーレ（私の恋人）」と宣うた。知り合いの女医エリザベッタに至っては、ボクの治療もそっちのけで、熱く「和製リチャード・ギア」と定義した。

ボクが日本に一時帰国するとき、（どこで売っているのか知らないが）ブロマイドを頼まれそうな勢いである。

明治維新以来の我が国で、イタリア女性にあれだけ人気のあった首相はいないに違いない。いや、イタリアでもこんなにカッコいいと言われた政治家はいない。

惜しむべくは、道路・郵政民営化も、そしてコイズミという名前も、彼女たちの誰ひとり覚えていなかったことだ。

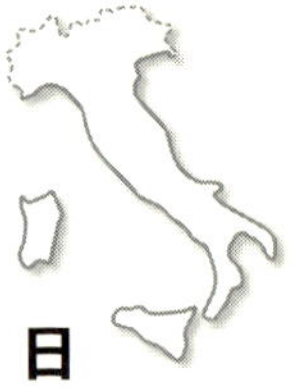

日伊歯医者さん比較

■東京で痛みだして……

先日、東京に滞在したときのことである。

以前からちょっと沁みていた歯が痛んできた。それを聞いた親切な知人は、行きつけの歯医者さんに電話をかけてくれた。

すると彼の「顔」もあって、すぐに2時間後の予約がとれた。

歯科医院は通りに面した1階で、ガラスのドアを開けた途端、ヒーリング系の爽やかな香りに包まれた。淡い色の絨毯を柔らかい照明が照らしている。あまりに快適なので、本稿の前半も実はその待合室で書き上げてしまったくらいだ。唯一、残念だったのは、置いてある雑誌が洒落過ぎていて、ボクの好きな芸能ネタ満載・女性週刊誌が置いていないことである。

レントゲン撮影してみると、虫歯が3本もあることが判明した。

先生は、それを輸入車セールスマンの如く丁寧な物腰でフィルムを見せながら説明してくれる。そして、さっそく今日から治療を始めましょう、ということになった。

■レントゲン所ってナンだ?

ボクは「ああ、もっと頻繁に日本に来られればなあ」と、なかなか来られないビンボーな我が身を嘆いた。なぜそんな溜息をついてしまったかというと、先日までのイタリアにおける経験があったからだ。

実はボク、しばらく前にイタリアで歯列矯正することを決意した。歯科医院が入っている中世の建物の重々しい扉を開け、薄暗い石づくりの階段を上る。待合室には院長の先々代が使用していたという、足踏み式の治療用ドリルが展示してあった。小心者のボクはそれだけでビビッた。

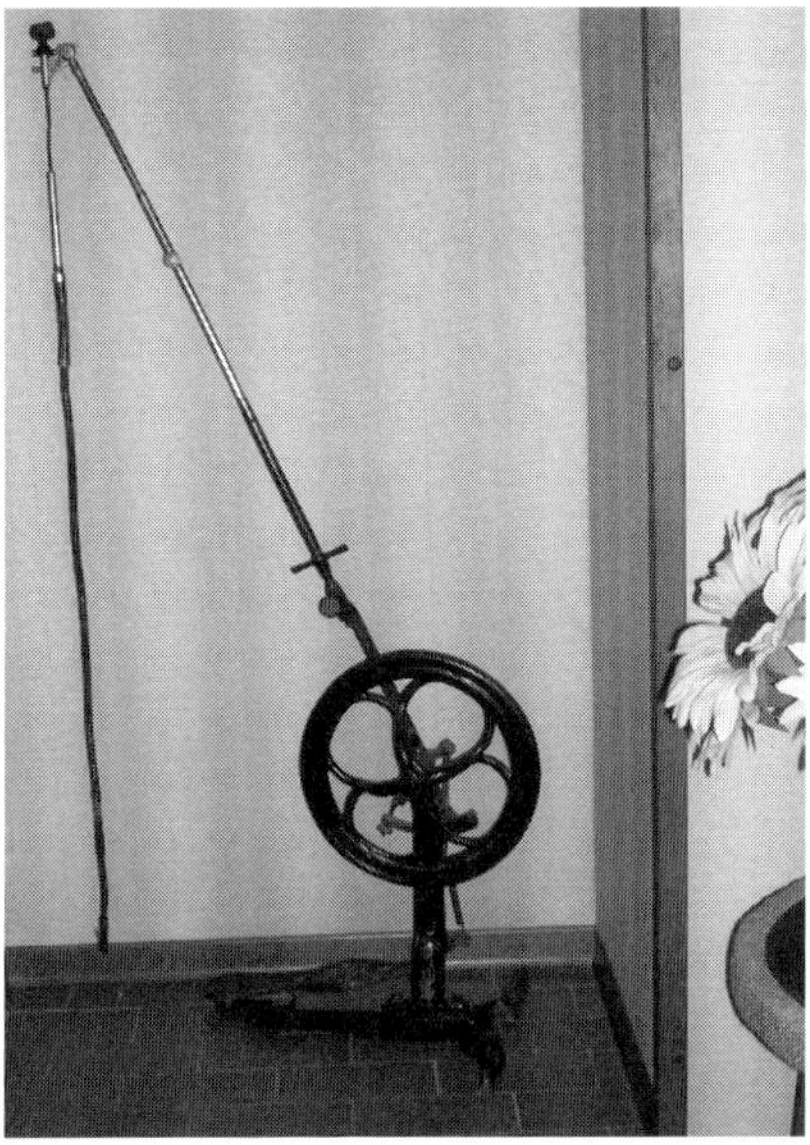

待合室に展示された往年の足踏み式ドリル。歴史を誇りたいのだろうが、ボクには恐怖を与えるだけだ。

医師に相談すると、「じゃ、矯正前に虫歯治すからレントゲンを撮って来て」と宣う。

エッ「撮って来て」って、今撮るんじゃないの?と聞くと、なんと院内にはレントゲン設備がないのだと教えてくれた。

では、どうするのか。方法はふたつで、市内の大学病院か、民間のレントゲン所に患

とれた。

者自身が赴き撮ってくるらしい。

なんだよそれ！　ともかくボクはレントゲン所とは何か興味があったので、そちらに行くことにした。病院は混んでいるというし。電話してみると、1週間ちょっと後に予約がとれた。

当日、歯科医院でもらった指示書を携えて行くと、レントゲン所とは、体のあらゆる部位のレントゲンを撮れる施設であることが判明した。患者はそこで撮影してもらってから、自分でお医者さんにフィルムを持ってゆくのである。これじゃレントゲンの順番待ちをしている間に死んでしまう人がいるのではないか。少々心配になってきた。

さらに驚くべきことがあった。現像されたレントゲン画像を見て、撮影した先生が「右下第○歯に虫歯あり」などと所見を述べるのだ。さらに脇にいる助手が、それをボクの歯科医宛てにタイプしている。

料金は円にして約1万円だった。ずいぶん高いなアと思って、後日歯科医師に聞くと、「そりゃあなた、掛かりつけ医で、先に書類をもらわなきゃダメよ」と教えてくれた。またまた「なんだよ！」である。

イタリアの医療制度では、すべての国民に〝掛かりつけ医〟というのがいる。カゼでも腹痛でも、原則としてまずはそこで診察してもらってから、必要に応じて病院に行く。イタリアではボクのように歯科に関するレントゲンでも、そうした掛かりつけ医に行って書類をもらわないと保険が適用されないのだ。日本人にとっては、なんとも不可解なシステムである。

そのうえ、不幸にも例のレントゲン所は、撮影する部位を間違えていた。向こうの非であるが、撮り直しのため、再び数週間先の予約が必要となった。

そんなドタバタに加え、院長が学会で医院を空けてしまったりで、矯正前の虫歯治療は遅れに遅れ、肝心の矯正治療が始まったのは実に3ヵ月後のことであった。

■いつでもperfetto

ふたたび東京の歯医者さんの話に戻ろう。治療用器具は患者に恐怖心を与えないよう、椅子の背もたれに内蔵されていた。イタリアの歯科医院では、いまだズラーッと患者の目の前にドリルから何から並んでいるのが一般的だ。

日本で治療した人ならみんな知っているだろうが、最近では麻酔を注射する前に、痛みを和らげる薬品を塗る。したがって、ほぼ無痛のうちに治療が終わってしまう。だからボクなどはBGMに流れる、東京時代の友人であるクライズラー&カンパニーの曲なんぞを心地よく聞いていたら、ついウトウトッとしてしまったくらいだ。

対してイタリアでは、今でもいきなり注射である。そればかりか、抜歯などでない限り、あまり麻酔を使わない。使ったら使ったで、治療後もイタリア版麻酔は妙に強いので、夜までまともに食べられない。

それより何より、ボクの虫歯を3本も見落としていたイタリアの院長に対する怒りがこみ上げてきた。とくに矯正器具を付けてからは虫歯になりやすいので、いつにも増して頻繁にチェックしてもらったうえ、再三「ちょっと、沁みるんですけど」と指摘していたに

もかかわらず、である。いつも一見して「Perfetto, Tutto OK（パーフェクト、全部OK）」の一言で済まされてしまっていたのだ。

結局東京の治療費は、虫歯3本＋知覚過敏の歯2本の治療、そして「私も心配になった」と言い出した女房の虫歯3本治療とクリーニングで、車検なし中古不人気国産車と同じくらいに達した。我が家は日本の保険証がなく、自費扱いとなるので仕方がない。

しかし東京の先生は、ボクの滞在期間が短いことや日中忙しいことを配慮し、ほぼ連日4日間で治療を完了してくれた。東名高速の集中工事もビックリである。日によっては夜8時から治療開始し、10時過ぎまで及んだこともあった。それを考えると、無闇に「高い」と言うのは不遜であろう。

■拳を振り上げたものの

もちろん今回書いた日伊の歯科医師はあくまでもボク個人の経験談であって、両国の歯医者さんすべてについて語ったものではない。だが、これから留学される方は、歯科用語を覚えたい人以外（？）日本できちんと治療してから行ったほうがいい。そのほうが限られた時間を無駄にしないだろう。


イタリアに戻って、ふたたび矯正の治療日がやってきた。

今日は3本も虫歯を見逃していた院長に皮肉を言ってやるゥ。そう思いながら、ふたたび中世の建物の階段を上っていった。

ところが、待合室の壁を見て驚いた。見覚えのある絵が真正面に貼ってあるではないか。以前待ち時間に、子供患者用に用意された画用紙に、いたずらで「歯磨きしているボクと、逃げてゆくバイキン君」を描いたものだ。その日は放置して帰ったのだが、院長いわく、「あまりにイカすので貼ったら、子供たちに大ウケした」のだそうだ。カラーコピーして、ふたつある分院にも貼りつけたと、嬉しそうに話す。

おいおい、振り上げた拳の行き場がなくなっちゃったじゃないか！

掃除にお役所仕事を見た！

■お掃除カー

「駐車の心配？ それはご無用！」

現在のアパルタメント（集合住宅）を見つけたとき、家主はそう言って胸を張った。

といっても、日本のマンションでよくいう「駐車場１００％確保！」の意味ではない。

「路上駐車で、反則金の心配なし」ということである。

説明しよう。

イタリアで市街地の道路には、定期的に掃除の日がある。

散水しながら路上のゴミや落ち葉を吸引する〝お掃除カー〟がやって来るのである。ゴミを吸うゾウさんとか、かわいい絵が描いてあったりする。

その日は作業がしやすいように、車をどかしておかなければいけない。

お掃除カーの直後には、市警察のパトカーがくっついて来る。

といっても、レッカー移動するのではない。どかしておかなかった車のワイパーに、馴れた手つきでピンク色の反則キップをはさんでゆくのだ。

困るのは、同じ道でも片側は○曜、もう片側は×曜日と、まちまちなことが多いことである。そのうえ詳細を記した標識は小さいので、観光客などはうっかり引っかかりやすい。

家主曰く、「近所の道はそうした掃除がないから、安心して停めておける」というわけである。パーキングチケットなどもなく、年中無料だ。

そうした便利さもあって、わが家はその物件に決めた。

■育毛・エステのほうが……

ところが、住み始めてしばらくすると、思わぬ展開となった。

常日頃ボクが路上駐車していた道を、ある日突然、掃除するようになったのである。新たに取り付けられたピカピカの標識を見ると、「(毎週) 金曜日　10‐12時」と書いてある。

これは大変である。道の左右両側とも金曜日で覚えやすいのが、唯一の救いだ。

さっそく沿道に住む知り合いのおじさんが、当日うっかり停めておいたところ、自宅前にもかかわらず反則キップを切られてしまった。

聞けばその額、33・6ユーロ。けっして安くない。

以来ボクは毎週金曜ごとに、掃除のない脇道に車を移動しなければいけなくなった。

ところが、みんなが同じ日に動かすものだから、脇道の路上駐車スペースは争奪戦の様相を呈する。

なにごとにも行動がトロいボクなどは、場所が見つからず、遠くの市営駐車場に停めてバスで帰ってくることもしょっちゅうになった。

道路がきれいになるんだから、協力すべき?

しかし、例のお掃除カーの効果といったら、たかが知れているのだ。

朝、わが家の下を通ると目を覚ましてしまうくらいの、すさまじい作動音。にもかかわらず、通ったあとも吸い取れなかったゴミが多数散らばっている。

成果ではなく、「ハイ、確かにやりましたよ」という、お役所仕事を絵に描いたような代物なのだ。

育毛剤の広告や、エステの「私も減量成功！」チラシのほうが、お掃除カーより個人的には何倍も信憑性がある。

■吹けば飛ぶような

さらに2005年に入って、反則金が35ユーロに値上げされてしまった。円にして約5000円である。

毎週金曜日、たいして効果が感じられない掃除のために、みんなが〝退避場所〟を探しまわる。おかげでUターンさえできない細い道に車が溢れる。交通事故だって起こりかねない。なんのための掃除なのか。

悶々としていたある日、例の標識をふと見上げて驚いた。

掃除の日が変わっているではないか！　こんどは第2、第4金曜日、つまり2週間おきになっている。そして道の反対がわは、第2、第4木曜日である。

さっそく例の反則金を科されたおじさんに聞いてみた。すると、

「毎週っていうのは、あまりに頻繁だったから、通りの住民が市に抗議したんだよ」と教

えてくれた。

やはりみんな困っていたのだ。

でも新しい規則は、インターバルは長くなったものの、道のどっち側が木曜日で、どっち側が金曜日かを覚えておかなくてはいけない。

また木、金とも、あくまでもカレンダーをもとに「第2、第4」を計算する。

したがって、31日が木曜で、1日が金曜から始まる月だったりすると、ややこしくなる。そのたびに車を道のあっちに動かしたり、こっちに戻したりする必要がある。〝反復横飛び〟状態である。だから、しばらくして、ボクは最初から脇道を狙って止めるようにした。これなら心配ない。

ところが、ある日車に乗りに行くと、「明日掃除あり」の標識が立っていた。それも、土台にポールを立て、貼り紙をしただけの標識である。

脇道も、不定期に掃除が行なわれることが判明した。

日にちと時間を書いた貼り紙は、簡単にはがれてしまいそうな貼りかたである。「吹~けば飛ぶような」と、演歌の名曲〝王将〟をひとり口ずさんでしまった。

それはともかく、脇道もオチオチ停められないとは。〝横飛びの線〟が、もう一本増えてしまったことになる。

ふと、反復横飛びが苦手で、いつも先生から呆れられていた小学生時代を思い出し、さらに悲しくなったボクだった。

日本のイタリア化進行中？

夫婦でイタリアに住むと決めたときのことだ。ボクはそれまでいた会社の先輩から「オトサン送れヨ」と頼まれた。Ｏｔｏｓａｎとは当時日本で流行していた、火を使う耳掃除薬である。女房も上司から「イタリア？　俺、ヒデとロザンナしか知らないナ」と言われたそうだ。

あれから10年。オトサンこそ忘れられ、ロザンナ役もジローラモ氏に変わった。しかし、日本人の中のイタリアは、依然「愛して・歌って・食べて」から抜け出せない。もっとイタリアのナマの姿を伝えたい。そんな思いから、この本は生まれた。

ところで、最近日本に一時帰国するたび気づくことがある。販売機や券売機に「故障」の貼り紙が増えていることと、電器・カメラ店の店員さんに商品知識がなくなっていることである。前者は修理予算や人員の欠如、後者は期間雇用増加による熟練度の不足である。日本は意外なところから着々と〝イタリア化〟しているのだ。

最後に、伊日の距離を超えて、雑談ときには猥談を交えながら、終始いいノリで編集作業をしていただいた二玄社の尾沢英彦氏に心から感謝します。

大矢アキオ
Akio Lorenzo OYA

コラムニスト。1966年東京生まれ。国立音楽大学卒（ヴァイオリン専攻）。二玄社『SUPER CG』編集記者を経て、96年からイタリア・シエナ在住。現在、『NHKテレビ イタリア語会話』『asahi.com』『Response』『NAVI』『web CG』など多くの媒体に連載をもつ。また、NHK『ラジオ深夜便』のレギュラーレポーターをはじめ、ラジオ・テレビでも活躍中。その軽妙な筆致と語り口に、老若男女犬猫問わず多くのファンがいる。主な著書に『カンティーナを巡る冒険旅行』『イタリア式クルマ生活術』『僕たちのトスカーナ生活』、訳書に『ザ・スピリット・オブ・ランボルギーニ』、（いずれも光人社）がある。

Hotするイタリア
イタリアでは30万円で別荘が持てるって？

発行日　2007年3月16日

著者　大矢《おおや》アキオ

発行者　黒須雪子
発行所　株式会社 二玄社
東京都千代田区神田神保町2-2　〒101-8419
営業部：東京都文京区駒込6-2-1　〒113-0021
電話＝(03) 5395-0511

ブックデザイン　小田有希（及川真咲デザイン事務所）

印刷　モリモト印刷株式会社
製本　株式会社越後堂製本
ISBN978-4-544-40016-8